라오스 관광회화
Pasa Lao ພາສາລາວ

지은이 : 곽구영 (경제학박사)

주한 라오스문화원장

국가문장

국기

국화(참파꽃)

Academy House

學 士 院

한국의 라오스 유학생

이 책의 라오스어 발음은 라오스문화원 카페
http://cafe.daum.net/laocul
공부합시다 메뉴에서 들으실 수 있습니다.

<저자 서문>

사바이디!! "안녕하세요"

2002년 라오스를 처음 방문하고 매력에 이끌려 라오스에 관한 자료를 찾고 연구한지도 벌써 16년이 되었다. 2004년 주한라오스문화원을 설립하고, 라오스 안내책자를 발간하고, 2013년 『라오스관광회화』 책 초판을 출간한 후, 이제야 수정판을 내게 되었다.

그간 라오스에 관한 몇 편의 논문도 발표했으나, 라오스어에 관한 일반인들이 쉽게 읽고 말을 배울 수 있는 책자가 드물어 항상 숙제로 남아있었다.

그동안 한국에서 라오스민속과 관광에 관한 전시회, 공연 등을 개최하고 나름대로 참여하고 활동하여 왔다.

라오스와는 2007년부터 비자 면제국이 되고, 2018년부터는 30일 간 무비자로 체류할 수 있게 되었다. 2011년부터는 직항로가 개설되어 현재는 5개 항공사가 취항하므로 매일 가깝게 다가갈 수 있는 나라가 되었고, 우리의 우방국으로서 굳건한 관계를 다져가고 있다.

라오스는 여러 라오(Lao)족들이 모인 국가로 서양식의 복수형 s를 붙이는 방식으로 Laos가 되었다. 라오스의

말과 한국어의 비슷한 부분을 알게 되면 매우 재미가 있는데, 발견되는 대로 찾아 비교해 놓았다.

고구려가 망하고(668년) 고선지(高仙芝, ?~755) 장군의 서역원정의 전설이 어린 티베트 남쪽으로 흘러 온 한민족의 일부가 이 나라에 함께 살고 있다는 점을 생각하면 라오스에 대한 관심이 우연한 것이 아님을 알 수 있다. 미국에서 발간되는 글로벌인의 유전자 관련 논문은 그 신뢰성을 한층 높이고 있다.

라오스와 관련된 여러 가지 상상을 하면서 앞으로 독자 여러분께서도 이 책을 통하여 오랜 역사의 시점을 거슬러 올라가며 여행하는 즐거움을 상상하시기 바라는 바이다.

2019년 5월

곽구영

경제학 박사. 주한라오스문화원장

<목 차>

<저자 서문> ·· 3
I. 라오스 국가개요 ·· 9
    * 지리와 인종 * ·· 9

II. 라오스 언어와 문자 ·· 13
  1. 라오스 언어 ·· 13
  2. 라오스 문자 ·· 13
    가. 자음 ·· 13
      * 한글과 비교해서 맞추어 본 라오 글자 * ··············· 16
    나. 모음 ·· 17
    다. 복모음 ·· 20
  3. 숫자 ·· 21

III. 라오스 관광회화 ·· 23
    * 필수 여행 회화 * ·· 23
  제1과 : 만남과 인사 : 사바이 디 ································ 26
  제2과 : 식당에서 ··· 30
    * 주식(主食) * ·· 34
    * 음식의 종류와 맛 * ·· 35
  제3과 : 어느 나라 사람입니까? ····································· 37
    * 라오스 민족의 형성과 분포 * ································ 41
  제4과 : 직업 ·· 44
  제5과 : 학교 ·· 47
    * 한국말과 비슷한 라오스 말 * ································ 48
  제6과 : 용건 ·· 50
  제7과 : 물건이름 ··· 53

제8과 : 시간(1) ································· 57
　＊ 라오스 역사와 국가형성 ＊ ············· 59
제9과 : 누가 어떻게 ······························ 60
제10과 : 시간(2) ··································· 65
　＊ 국제 표준 발음기호와 함께 읽기 ＊ ··· 68
제11과 : 얼마나 오래, 나이 ················· 70
　＊ 숫자와 단어 익히기 ＊ ···················· 73
제12과 : 방향 ··· 75
　＊ 라오스 경제와 개방정책 ＊ ············· 80
제13과 : 날자·요일·계절 ······················ 81
제14과 : 설명, 의논 ······························ 86
제15과 : 식당에서 ································ 90
제16과 : 담배, 약, 휘발유 ··················· 94
　＊ 라오스 입국과 교통, 비자 ＊ ·········· 99
제17과 : 친척 ·· 101
　＊ 메콩강의 탄생 설화 ＊ ···················· 104
제18과 : 부탁, 색깔 ······························ 106
제19과 : 의무·당연, 비행기 타기 ········ 109
제20과 : 언제쯤 결혼하나요? ············· 113
제21과 : 왜? ·· 117
　＊ 고급편 ＊ ··· 122
제22과 : 마중·전송 ······························· 122
제23과 : 부탁, 가져오기 ······················ 127
제24과 : ~하기 전에·후에, 하고 나서 ··· 129
제25과 : 계속·벌써·아직 ······················ 133
제26과 : 허락하기 ································ 137
제27과 : 주문부탁하기 ························ 141
제28과 : 시간 맞추기 ·························· 145

제29과 : 감사와 유감 ·· 149
제30과 : 초대와 송별 ·· 152

IV. 라오스 관광 ·· 156
　1. 월별 축제 ·· 156
　2. 라오스 전국 관광코스 ·································· 165
　　가. 중부지역 ··· 165
　　나. 북부지역 ··· 167
　　다. 남부지역 ··· 172

V. 실용 단어장 ·· 175
　1. 분류별 단어 ··· 175
　　Ⓐ 가족 (컵쿠아) ·· 175
　　Ⓑ 색깔: 시 ··· 175
　　Ⓒ 달력 ·· 176
　　Ⓓ 형용사 ·· 176
　　Ⓔ 물건 ·· 177
　　Ⓕ 동물 ·· 178
　　Ⓖ 직업 ·· 178
　　Ⓗ 식탁, 주방 ·· 180
　　Ⓘ 음식 ·· 180
　　Ⓙ 학용품 ·· 182
　　Ⓚ 인체 ·· 183
　　Ⓛ 병원회화 : 의료봉사원 회화 ···················· 184
　2. 가나다별 단어 ··· 187
　　* 라오스 교통편 * ·· 200
　　* 호텔 * ·· 201
　　* 긴급연락처 * ··· 205

비엔티엔 메콩강변 노을

I. 라오스 국가개요

* 지리와 인종 *

라오스는 동남아(인도차이나 반도)의 내륙국으로서 면적은 236,800km^{2}로 남북한을 합친 한반도 보다 조금 크다.

라오스는 바다가 없는 내륙국으로 기후는 열대 몬순기후이며, 우기(5월~10월)와 건기(11월~4월)로 나눈다. 국토의 70%가 산지이며, 북서쪽에는 미얀마와 중화인민공화국, 동쪽에는 베트남, 남쪽에는 캄보디아, 서쪽은 타이와 국경을 접하고 있다. 기다란 장화 모양을 한 약간의 평야와 고원지대(plateaus)로 형성되어 있다. 가장 높은 산은 푸비아(Phu Bia)산으로 해발 2,817m이다.

라오스의 표준시간은 우리나라보다 2시간이 늦다. 국가행정은 16개주와 1개의 특별시로 이루어져 있으며, 수도는 비엔티엔(Vientinae : 향나무의 도시)이다.

라오스는 프랑스로부터 50여년 간(1893~1944)의 지배에서 1949년 7월 19일 독립하였으나, 왕정파와 중립파 간의 투쟁으로 통일이 지연되었다. 공산당에 의한 최종 건국은 1975년 12월 2일이다.

라오스의 민법체계(民法體系)는 프랑스 제도를 많이 따르고 있다. 국민의 18세 이상이 투표권을 가지며, 초대 대통령은 카이손 폼비한(Kaysone Phomvihane)이며, 현재는 분냥 보라칫(Bounnhang Vorachith) 대통령이다. 라오스 인구는 750만으로 추정하고 있다(2017년). 인구의 도시집중율은 33%(2010년)로 해마다 4.9% 증가율을 보이고 있다.

라오스인의 평균수명은 62.39세로 남성이 60.5세, 여성이 64.36세이다.

라오스 민족의 분포도로는 라오(Lao)족이 55%, 크무(Khmou)족이 11%, 몽(Hmong)족이 8%, 그 외 50여개 정도의 소수민족이 26%를 차지하지만, 최근에는 대중매체의 역할로 라오족에 많이 동화되고 있다. 라오스 민족의 종교는 불교가 67%, 기독교가 1.5%, 기타 종교가 31.5%이다.

라오스국 언어는 라오어가 공식언어이며, 그 외 프랑스어, 영어가 흔히 쓰이고, 다양한 소수민족 언어가 존재한다. 25세 이상 문자 해독력은 73%이다. 초등학교는 5년의 의무교육이며, 취학율은 75% 정도이다. 중등학교는 6년이며, 15% 정도의 진학율을 보인다. 대학교의 진학율은 2% 정도이다. 교육비는 전체 GDP의 2.3%(2008년 추정)로 세계 151위이다.

1975년 라오스 공산당이 라오스 왕조를 무너뜨린 후, 국가를 라오스인민민주주의공화국(Lao People's Democratic Republic)이라고 명명하였으며, 12월 2일을 건국일로 기념하고, 공산당이 지배하는 사회주의를 채택하고 있다.

13세기 몽골이 세계를 지배하였을 때 라오스도 몽골의 지배를 받았고, 그 후, 캄보디아와 미얀마, 그리고 1779년 근세에는 타이족이 세운 태국의 시암(Siam)왕국의 침략을 받았다. 프랑스의 지배를 받은 기간은 1893년부터 1944년까지 50여 년 식민지배를 받았으며, 그 후 잠시 일본의 지배를 받기도 했다. 일본의 패망으로 1945년에 프랑스가 재점령한 후부터 1954년에 철수하였다.

II. 라오스 언어와 문자

1. 라오스 언어

라오스 언어는 **50개 이상의 소수민족**이 있어 산간지방에는 각자 다른 사투리를 쓰고 있으나, 현재는 **방송과 교육**의 영향으로 많이 표준화되어가고 있다.

태국 북부 치앙마이 지역은 100년 전 만해도 라오스 영토였기 때문에 같은 말을 쓰고 있으며, 태국 남부 지역도 라오어와 50% 정도 같아서 서로 TV를 볼 수 있다.

문자는 약간씩 다르나 언어의 뿌리는 같다. 한자와 연관된 말과 숫자가 매우 많아서 **한국어와 같은 발음**도 상당수 발견된다.

2. 라오스 문자

의성어 음운체계를 가지고 있다. 자음과 모음의 조합으로 이루어지는 방식은 한글과 비슷하지만, **성조가 6가지** 있기 때문에 같은 자음이라도 표기하는 글자가 다르다.

가. 자음

라오스어 자음은 33개로 높은음, 중간음, 낮은음에 따라 세

가지로 구분하여 사용한다. 즉 같은 ㅋ **소리(kh)**를 나타내더라도 ຂ는 높은 소리이고, ຄ는 낮은 소리이다. 이와 같이 구분하여 아래와 같이 자음을 구분한다.

라오(스)어 문장의 구조적 특징들

(1) 기본문형은
① 주어 + 동사, ② 주어 + 동사 + 체언,
③ 주어 + 동사 + 목적어

(2) 조사가 없다.
① ~은, ~는, ~가, ~이 등 주격 조사가 없다.
② ~을., ~를 등 목적격 조사가 없다.
코이 학 짜우 - 나는 당신을 사랑한다.
코이 막 짜우 - 나는 당신을 좋아한다.

(3) 동사는 주어의 인칭, 수, 시제, 태, 법 등에 따라 변하지 않는다.

(4) 라오스의의 성조는 6성이다.

(5) 명사 + 형용사로 명사가 앞에 오고 형용사가 뒤에서 수식한다.

(6) 자음은 주로 모음과 함께 붙여 읽는다.

(7) 기본자음 26자와 특수자음 6자이다.

(8) 자음은 음 높이에 따라 악썬 숭(높은 음), 악썬 깡(중간 음), 악썬 땀(낮은 음) 으로 분류된다.

(9) 받침자음은 8자이다.

ก　　ญ　　ด　　ฉ　　ม
(ㄱ)　(ㄴ)　(ㄷ)　(ㄹ)　(ㅁ)

จ　　ง　　X
(ㅊ)　(ㅇ)　(우)

(10) 모음은 받침이 있을 때와 없을 때로 구분된다.

(11) X 는 자음을 위치를 나타낸다.

라오스 전통 공예품

* 한글과 비교해서 맞추어 본 라오 글자 *

자음 소리 위치와 한글비교

ㄱ,ㅋ,ㄲ	ㄴ	ㄷ,ㅌ,ㄸ	ㄹ	ㅁ	ㅂ,ㅃ,ㅍ	ㅎ
높은음 ຂ ㅋ (K) 카이 -계란	음 (3종) ㄴ (N) ຫງ (N) ຫຍ (NY) ຫນ ຫມ (GN)	높은음 ຖ ㅌ (T) 토 -주전자	높은음 ຫຼ ຫລ ㄹ (R, L) 라오(스) ລາວ	높은음 ຫນ ຫມ ㅁ (M) 마아-개	높은음 ຜ ㅍ (F) 폰-비 ຜ (PH) 풍-벌	높은음 ຫ ㅎ (H) 하안 -거위
중간음 ກ ㄲ 까이-닭		중간음 ດ 댁노이- 어린아이 ເດັກ ນ້ອຍ ຕ ㄸ ໂຕະ -테이블			중간음 ບ ㅂ (B) 비어- 맥주 ປ ㅃ 빠이- 간다	
낮은음 ຄ ㅋ	낮은음 ນ ㄴ ບ້ານ 반-집	낮은음 ທ ㅌ ໂທລະພາບ TV-토라 팝	낮은음 ລ ㄹ ລາວ 라우 그 사람	낮은음 ມ ㅁ (M)	낮은음 ພ ㅍ (PH) ພວກ ຂອຍ 프왁코이 -우리들 ຟ (F)	낮은음 ຮ ຮຽນ ㅎ 히안 -공부

- 16 -

ㅅ(ㅆ)	ㅇ	ㅈ, ㅉ, ㅊ
자음 소리 위치와 한글비교		
높은 음 ຣ 스으-호랑이 **낮은 음** ຊ 시~예정	높은 음 ຫວ 으으-빗 ປ 야-약 **중간 음** ບ 오-사발 ປ 코이-나 **낮은 음** ງ (받침) ㅇ ວ w ㅇ(자음)	**중간 음** ຈ ㅉ 마쪽-여우

나. 모음

라오스어 모음은 28 개로 구성되며, 짧은소리, 긴소리, 그리고 복모음의 3가지 그룹이다. 라오어에서 모음은 자음의 좌·우·상·하에 붙여서 표시한다.

예를 들면, 모음 '우 X̣', '우우 X̣' 는, 항상 자음 밑에만 오며, 자음을 둘러싸고 있는 모음은 하나의 소리를 내기 위하여 두 개 혹은 그 이상의 모음으로 구성된다. X자는 자음을 표시하며 초록색의 표시는 모음이다.

단모음 (짧은 소리)	발음	장모음 (긴 소리)	발음
아	a	아아	aa
이	i	이이	ii
으	y	으으	yy
우	u	우우	uu
에	ɛ	에에	ɛɛ
(높은음) 애	e	애애	ee
오	o	오오	oo
어	ɔ	어어	ɔɔ
(복모음) 우아	ua	우우아	ua
이야	ia	이야	ia
으아	ya	으아	yya
어	ə	어어	əe

풍성한 과일 (막마이) 가게

소수민족 의상

방비앙의 보트놀이

다. 복모음

예를 들면 모음 ᨈ '아' 와 ᨋ '오' 가 결합되어 "ao"(암소-cow)를 표현한다. 이런 모음은 자음주변에 둘러싸여, ເXา 모음으로 카오(쌀) 소리를 만들게 된다.
아래의 "X" 는 자음이다.

짧은 발음 X̌ '이'는 X̄ '이 이'와 같이, 위에 길게 표시되어 있다. 또한, '으' 발음도 마찬가지로 X̌ 는 짧게 발음하고 X̊ 길게 '으으'로 발음된다.

아이, 아으, 아오, 암

(a+i, y, w, m, n, p, t, k, N 중성 + 종성)

X 아이	ai	X 아오	aw
X 아으	ay	X 암	am

3. 숫자

라오스의 숫자는 한국과 비슷한 발음이 많아 흥미로운데, 예를 들어, 3은 '삼', 10은 '십'이라고 해서 똑 같다. 나머지 4도 동양 특유의 중국, 일본과 같이 '시' 라고 같은 발음이다.

20은 싸오, 21은 싸오 옛이라는 특유 셈법 체계를 가진다.

3과 10은 한국말과 같고 다른 숫자도 소리가 비슷하다.

백만(百萬)은 란이라고 한다.

*** 란쌍왕국의 이름은 백만 마리의 코끼리를 뜻한다. 코끼리를 상(象)이라고 한다.***

0	쑨			30	삼십	52	하십송
1	능	11	십엣	40	시십	60	혹십
2	송	12	십송	41	시십엣	63	혹십삼
3	삼	13	십삼	50	하십	70	쩻십
4	시	14	십시	51	하십엣	71	쩻십엣
5	하	15	십하	80	펫십		
6	혹	16	십혹	85	펫십 하	10,000	능인
7	쩻	17	십셋	90	까오십	20,000	싸오 판
8	펫	18	십펫	96	까오십 혹	25,000	싸오 하판
9	까오	19	십까오	100	호이, 능호이	100,000	능센, 호이판
10	십	20	싸오	200	송 호이	500,000	하호이 판
		21	싸오엣	1,000	판, 능판	1,000,000	능란

III. 라오스 관광회화

* 필수 여행 회화 *

안녕하세요?	사바이디?
안녕합니다.	사바이디
안녕못해요.	버 사바이

만나서 반갑습니다.	닌디티 다이후짝
저도 같아요.	쎈디 아오깐

어서오세요	닌디떤합
잘 가세요.	빠이 껀

먼저 갈께요.	빠이 껀더
잘 가.	빠이 디

조심히 가세요.	커하이 든탕 뻘파이
또 만납시다	라껀, 속띠(복 받으세요)
또 만나요.	폽깐마이

또 오세요.	마 익더
행운을 빌어요.	쏙디드

감사합니다, 고맙습니다.	콥짜이

미안합니다.	코톳
괜찮습니다.	보뺀양

계십니까?	미 파이 유 버?
들어오세요.	쓴 카오 마
앉으세요.	쓴 낭

안녕히 주무세요	넌껀드
좋은 꿈 꾸세요.	넌랍판디

어디에 가세요.	씨 빠이싸이
~에 갑니다.	빠이 ~

어디 갔다 오세요?	빠이 싸이 마?
서울에 갔다 옵니다.	빠이 서울 마

산보합니다.				냥 린

식사하셨습니까?		끼 카오레오
식사했습니다.			끼 레오
아직입니다.			양 쓰

당신 이름은 무엇입니까?	짜오 쓰 냥?
내 이름은 (이장)입니다.	코이 쓰 (이장).

몇 살입니까?			짝뻬 래우?
30살입니다.			삽십뻬 쓰

얼마입니까?			타오 다이?
오천 낍입니다.		하판 낍 쓰

비쌉니다				팽 쓰
쌉니다.				특 쓰

제1과 : 만남과 인사 : 사바이 디

안녕하세요?　　　　　　ສະບາຍ ດີ
사바이 디?　　　　　　　사바이 : 좋다

당신도 안녕하세요?　　　ເຈົ້າ, ສະ ບາຍ ດີ
짜우 사바이 디?　　　　　짜우 : 당신

라오스 문화전시 (경주 화백컨벤션센터 2018.10)

잘가요. ໄປ ກ່ອນ
빠이 꼰 간다 : 빠이

이 사람은 누구죠? ນີ້ ແມ່ນ ໃຜ ?
니 맨 파이? 니 맨 : 이 사람

나는 한국으로 갑니다. ຂ້ອຍ ໄປ ກາວລຍ
코이 빠이 까오리(한국) ~가다 : 빠이

나는 미국에서 옵니다. ຂ້ອຍ ມາ ແຕ ອາ ເມ ລິ ກາ
코이 마떼 아메리까 ~에서 오다 : 마 떼

당신 이름은 무엇입니까? ເຈົ້າ ຊື່ ຫຍັງ
짜우 스 냥 스 : ~ 이다

내 이름은 이명식입니다. ຂ້ອຍ ຊື່ 이명식
코이 스 이명식

저분은 누구입니까? ນັ້ນ ແມ່ນ ໃຜ
난맨 파이?

저분은 나의 아내입니다.　ນັ້ນ ແມ່ນ ມີຍາ ຂອຍ
난맨 미야 코이　　　　　미야 : 아내

그렇습니까?　　　　　ແມ່ນ ບໍ່
맨보?

탓루앙축제 - 매년 11월 중순 수도 비엔찬의 국가사원 탓루앙에서는 전 국민이 일주일 넘도록 인사와 축복을 기원한다.

*** 단어 익히기 ***

남자 : 푸싸이   여자 : 푸닝

당신 : 짜우   당신들 : 푸악 짜우

나 : 코이   우리 : 푸악 코이

이것 : 니   이분 : 니맨

저분 : 난맨   그분 : 라우

누구 : 파이   이름 : 스

친구 : 무   내 친구 : 무 코이

아내 : 미야   남편 : 푸와

사람 : 콘   한국사람 : 콘 까오리

제2과 : 식당에서

당신은 뭘 드실래요?
  짜우 시 아우 냐?   시 : ~ 할 희망, 예정
  ເຈົ້າ ຊິ ເອົາ ຫຍັງ ?

나는 커피를 마실께요. 당신은요?
  코이 시 아우 카페. 짜우 데?   아우 : 마시다
  ຂ້ອຍ ຊິ ເອົາ ກາເຟ, ເຈົ້າ ເດ ?

나는 차를 마실 거야.
  코이 시 아우 남 사   남 : 물. 사 : 차
  ຂ້ອຍ ຊິ ເອົາ ນ້ຳ ຊາ

무얼 드실래요?
  짜우 약 낀 냐?   약 : ~하고 싶다
  ເຈົ້າ ຢາກ ກິນ ຫຍັງ ?

나는 볶은밥 할래요.
  코이 약 낀 카오팟   낀 : 먹다. 카오 : 쌀밥
                               팟 : 볶음
  ຂ້ອຍ ຢາກກິນ ເຂົ້າຜັດ

당신 친구는 무얼 드실건가요?
  무 짜우 데?　　　　　　무 : 친구　ໝູ່ ເຈົ້າ ເດ?

그녀는 국수를 좋아해요.
  라우 약 낀 퍼　　　　퍼 : 베트남 쌀국수, 낀 : 먹다
  ລາວ ຢາກ ກິນ ເຝີ

볶음밥 맛있어요?
  카오 팟 쎕 보?
  ເຂົ້າ ຜັດ, ແຊບ ບໍ່　　쎕 : 맛있다. 보 : 의문형

맛있어요.
  쎕 라이　　　　　　라이 : 많이
  ແຊບ ຫຼາຍ

뜨거운 것이 좋아요? 안 좋아요?
  짜우 막 팻? 르 보 팻?
  ເຈົ້າ ມັກ ເຜັດ ຫຼື ບໍ່ ເຜັດ　막 : 좋아한다. 팻 : 뜨거운

나는 뜨거운 것이 안 좋아요.
  코이 보 막 팻
  ຂ້ອຍ ບໍ່ ມັກ ເຜັດ　　　보 막 : 좋아하지 않다

*** 단어 익히기 ***

무엇	냥		물	남
가지다	아우		차	사
당신은 어떠세요?	짜우데		당신들	푸 악 짜 우

먹고 싶다 약 낀   약 ~ 하고 싶다.   배고프다 약낀 카오

붐은 팟   볶음밥   카오팟

맛있다 쎕   그래요? 보?

매우 라이   좋다   막

뜨거운 팻   차거운 옌

아니면 르   온다   마 (에서-떼)

주 지역 컹   군   랏

어디   사이   나라   파텟

맞다   맨   미안합니다 코톳
                                                  (시아사이)

그렇습니까? 보?   어느   다이

빈 방 있습니까?　　　　　　미 홍 왕 버?　　방 : 홍

이것은 얼마입니까?　　　　안니 타오다이?

여기 어딥니까?　　　　　　유니 유싸이?

여기 세우세요.　　　　　　윷 유니

왼쪽 :　　싸이　　　　　　오른쪽: 쿠와

비싸다 :　　팽　　　　　　싸다: 특

(가격을) 깍아 줄 수 있습니까?　(라카) 룬 다이버?

배고프다.　히우 카우　　　　목마르다.　히우 남

물 :　　　남　　　　　　　화장실 : 홍남

있어요? :　미?　　　　　　없어요: 버 미

팍치(채소) 넣지 마세요.　　　버 싸이 팍치

미원 넣지 마세요.　　　　　버 싸이 뺑누와

안된다　　　　　　　　　　보다이

* 주식(主食) *

　라오스의 주식은 카오 냐오라는 찹쌀밥을 주식으로 하며, 쌀국수도 만들어 먹는다.

　카오냐오는 대나무 그릇에 찹쌀을 얹어 놓고 찐다.

카오냐오 (찰밥),　삥무(돼지 불고기),　팍험(채소),

삥까이(치킨구이),　랍(전골)　　* 삥은 굽는다는 뜻이다.

점심밥 준비 : 소쿠리에 찹쌀을 얹고 찐다

* 음식의 종류와 맛 *

음식	아한	먹다	낀
마시다	듬	식수	남듬
맥주	비야	냉커피	카페 놈옌
라오 쌀국수	카오 삐약	월남국수	퍼
볶음밥	카오팟	계란프라이	카이 쫀
소고기	씬 웅아	닭고기	씬 까이
돼지고기	씬 무	개고기	씬마
생선	빠	새우	꿍
설탕	남딴	소금	끄아
달다	완	맵다	펟

사랑한다	학	아름답다	얌
좋아하다	막	필요없어요	버 아오
작다	너이	크다	냐이
춥다	나우	덥다	헌
재미있다	싸눅디	좋다	디
안 좋아요,	보 디	못해요	보 다이

제3과 : 어느 나라 사람입니까?

미안합니다. 당신은 라오스인 입니까?
   코톳.   짜우 **뺀 콘 라오 보?**   **뺀콘** : 어떤 사람
   ຂໍໂທດ ເຈົ້າ ເປັນ ຄົນ ລາວ ບໍ ?

맞습니다. 나는 라오인입니다.
   맨 래우. 코이 **뺀 콘 라우**   **맨 래우** : 그렇습니다
   ແມ່ນແລ້ວ ຂ້ອຍ ເປັນ ຄົນ ລາວ

어느 주에서 왔습니까?
   짜우 마 때 컹 다이?   (**마때** : 어디서 오다)
   ເຈົ້າ ມາ ແຕ່ ແຂວງ ໃດ ?

나는 루앙파방 주에서 왔습니다.
   코이 마 때 컹 루앙파방   **컹** : 주(州)
   ຂ້ອຍ ມາ ແຕ່ ແຂວງ ຫຼວງ ພະ ບາງ

그는 어느 주에서 왔습니까?
 라우 마 때 랏 다이?
 ລາວ ມາ ແຕ່ ລັດ ໃດ ?

어떤 일을 합니까?
 짜우 햇 깐 냥?   햇 : 일하다
 ເຈົ້າ ເຮັດ ການ ຫຍັງ ?

나는 자원봉사자입니다
 코이 뺀 아사사막   아사사막 : 자원봉사자
 ຂ້ອຍ ເປັນ ອາສາ ສະ ໝັກ.

당신은 어떤 회사와 일합니까?
 짜우 햇 남 오깐 다이
 ເຈົ້າ ເຮັດ ນຳ ອົງ ການ ໃດ?

나는 코이카에서 일합니다.
 코이 햇 남 오깐 코이까
 ຂ້ອຍ ເຮັດ ນຳ ອົງ ການ ຂ້ອຍ ກາ.

그는 미국인입니다.
　　라우 빼ㄴ 콘 아메리까　　　　　라우 : 그 사람
　　ລາວ ເປັນ ຄົນ ອາ ເມ ລິ ກາ

그는 어느 주에서 왔습니까?
　　라우 마때 랏 다이
　　ລາວ ມາ ແຕ່ ລັດ ໃດ ?

그는 텍사스 출신입니다.
　　라우　마　때　　랏　　택삿
　　ລາວ ມາ ແຕ່ ລັດ ເທັກຊັດ

당신들은 어디서 왔습니까?
　　푸악 짜우 마 때 사이　　　　마 때 사이 : 어디서 오다
　　ພວກ ເຈົ້າ ມາ ແຕ່ ໃສ ?

우리는 프랑스(한국)에서 왔습니다.
　　푸악 코이　마때 ,　파텟　　파랑(까오리)
　　ພວກ ຂອຍ ມາແຕ່ ປະເທດ ຝຣັ່ງ (ກາວລຍ)

당신은 어때요?
    푸악 짜우 대
    ພວກ ເຈົ້າ ເດ?

우리는 라오스에서 왔습니다.
    푸악 코이 마때 라오
    ພວກ ຂ້ອຍ ມາ ແຕ່ ລາວ

라오스 새해(삐마이) 설빔

* 라오스 민족의 형성과 분포 *

　라오스 문화는 동양의 문화 중에서도 불교라는 종교적 영향 속에서 한국의 문화와 상당한 공통성을 가지고 있다. 라오스에서 고대에는 어떤 역사를 가지고 있었는지 정확하게 전해오는 기록이 없고 다만, 전설과 영웅이야기 등 민담에서 구비전승(口碑傳承), 또는 야자 잎에 기록된 옛날 문헌을 통해서 고대 왕조들의 성립과 멸망이 전해져오고 있다.

　전설에 의하면 태초에 커다란 박에서 쇠꼬챙이로 구멍을 뚫어 사람이 나오게 되었는데, 쇠꼬챙이를 너무 달구어서 나온 사람이 검은 사람이고, 다음에는 덜 달구어서 나온 사람이 흰 사람이고, 마지막으로 적당하게 달구어서 뚫어 나온 사람이 황색 인종이라는 것이다.

　그리고 하늘에서 신이 푸녀와 야녀라는 노인부부를 파견하여 정글로 뒤덮힌 땅을 개간하도록 명령하였는데, 너무 힘 들어 노인들은 죽을 때 모든 사람들이 자기 이름을 불러 기억하도록 하였다. 그래서 지금도 '녀'라는 말은 라오스어 동사에 많이 쓰인다. 마녀 ma nhoe(오세요), 논녀 non nhoe(잠 잡시다), 낀녀 kin nhoe(먹읍시다) 등 높임말로 쓰인다.

　쿤 불롬 왕은 7명의 왕자를 두고 인도차이나 반도 전체를 다스렸다는 전설이 있다. 북부지역, 남부지역, 중부지역에 각기 형제들이 나누어 다스렸다는 이야기로 지금의 인도차이나 반도 전역에 걸친 왕국의 역사가 근본적으로 고대로부터 같은 친척 간의 나라들로 이해되고 있다. 라오스 사람들이 알고 있는 첫 번째 영웅은 쿤 블롬라자티랏(Khun Bulomrajathirat)이다. 그는 라오스 사람들을 번창하게 해준 하늘이 내려준 첫 인간의 임금이라고 여겨진다.

라오스의 두 번째 전설적인 영웅은 타오 훙, 타오 창인데 그는 돌로 만들어진 거대한 항아리들을 남겨 놓은 사람으로 알려져 있다. 여러 종류의 크기인 수 백개의 이 돌 항아리들은 동북부 **생쾅 지역** 고원지대에 널리 퍼져 있으며, 유네스코 세계문화유산으로 등록되었다.

생쾅주 폰사반의 돌단지 평원

이 지역은 돌단지 평원(The Plain of Jars)이라는 관광지로 유명하며, 많은 고고학자들에게 연구과제로 남아있다. 이것은 대략 2,000년 정도 된 것으로 생각되며, 라오스 사람들이 믿는 바에 의하면 이 거대한 돌단지들은 크메르의 타오창 임금이 술을 담아먹던 단지라고 한다.

타오 훙, 타오 창은 오늘날 태국북부·라오스·베트남·미얀마 등 동남아시아 많은 나라 사람들에게도 영웅으로 여겨져 이야기로 꾸며지고 있다. 서기 1세기경 반창(Ban Chiang) 청동기문화가 중부 메콩강 지역에 발달하고, 만다라(Mandala)로 기술되는 문화권을 형성하게 된다. 베트남 지역의 참파(Champa) 왕국이 5세기경 현재의 참파삭 지역으로 확장하게 되자, 메콩강 서쪽으로 이동하고, 칸다부리(Candaburi)라는 현재의 비엔티엔 지역에 몽족의 왕국이 성립된 것이다.

메콩강에서는 보트경주를 벌인다. 사원 안에 보관해 둔 보트가 큰 것은 50명도 탈 수 있다.

제4과 : 직업

당신은 선생이지요.
   짜우 뺀 꾸손 맨 보 ,   쿠손 : 선생
   ເຈົ້າ ເປັນ ຄູສອນ ແມ່ນ ບໍ?

아니요, 선생이 아니라 학생입니다.
   보 코이 보 다이 뺀 쿠손, 코이 뺀 낙히안   낙히안 : 학생
   ບໍ່, ຂອຍ ບໍ່ ໄດ້ ເປັນ ຄູສອນ, ຂອຍ ເປັນ ນັກຮຽນ

당신은 정부에서 일합니까?
   짜우 햇 깐 남 랏 보   랏 : 정부
   ເຈົ້າ ເຮັດ ການ ນຳ ລັດ ບໍ?

아니오. 나는 회사에서 일합니다.
   보, 코이 햇 깐 남 보리샷
   ບໍ່, ຂອຍ ເຮັດ ການ ນຳ ບໍລິສັດ

어떤 회사에 다닙니까?
   보리샷 다이   보리샷 : 회사
   ບໍລິສັດ ໃດ ?

라오 관광회사입니다.
   보리샷 통 티오 라우   통티오 : 관광

ບໍລິສັດ ທ່ອງ ທ່ຽວ ລາວ

*** 단어 익히기 ***

안녕?	사바이디	감사합니다	컵짜이
괜찮아요	보뺀냥	맛있어요	쌥
예	맨	아니오	보맨

먹다	낀	기쁘다	디짜이
많이	라이	마시다	듬
시장	따랏	식당	아한

가다	빠이	오다	마
어디에	유 싸이?	얼마지요?	타오다이?

비싸다	팽	싸다	특
이거	니	안좋다	보다이
몇 킬로	짝 킬로	몇 미터	짝 미터
향 채소	팍코	소	느어이

새우	꿍	돼지	무
계란	카이	닭	까이
볶은 밥	카오 팟		

화장실	홍남	먹는 물	남듬
피곤하다	므어이	귀엽다	나학

잘 가요	라껀	한국인	까오리
중국인	콘 찐	일본인	콘 니뿐
친구	무	조금	로이 능
친절	짜이디	몇 시	짝 몽
우체국	빠이사니	여관	호옹 팍

제5과 : 학교

   라오스 국립대학은 비엔티엔에 동독대학교가 있고, 루앙프라방에는 한국에서 지어 준 수파누봉 대학교가 있다. 한국말은 '파사 까오리'라고 한다.

어디서 라오어를 공부했습니까?
   짜우 히안 파사 라오 유 사이   파사 라오: 라오어
   ເຈົ້າ ຮຽນ ພາສາ ລາວ ຢູ່ໃສ ?

나는 동독대학에서 공부했습니다.
   코이 히안 유 홍 히안 동독   히안: 공부하다
   ຂອຍ ຮຽນ ຢູ່ ໂຮງ ຮຽນ ດົງໂດກ

동독대학이 어디 있나요?
   홍히안 동독 유 사이
   ໂຮງຮຽນ ດົງໂດກ ຢູ່ ໃສ ?

비엔티안에 있습니다.
   유 위앙짠
   ຢູ່ ວຽງຈັນ

* 한국말과 비슷한 라오스 말 *

한국어	라오어	한국어	라오어
가까이	까이	멀리	까아이
까마귀 crow	까아		
손님(guest)	객	금 gold	캄
금 (金) gold	돈	~에게, 께	께
달 (月) moon	따	내 內 (속)	나이
길 road	땅	채소. 남새	남싸이
뚱뚱한 fat	뚜이	낭자(처녀) lady	낭
~에서 오다	마떼	양(량), 기를 養	량
배 뗏목 ship	배	말(馬)	마
빗: 머리 빗	비으	모두 all	못
차 茶 tea	사아	방(가정)마을	반
코끼리 상 象elephant	상	천천히 slow	사아 사아

송, 보내다 送 send	송	사용하다. use	사이
싱싱한 새것 新 new	신	30	삼십
조 朝 (아침) morning	싸우	진심으로 true	진짜이
아마, may, might	아짜	군, 임금 君 King	쿤
약 藥 medicine	야	탁발. 공양하다.	탁밧
옥 玉 구슬 jade	욕	숯. 탄 Char Coal	탄(炭)
머물 유留. stay	유	포; 배부를 포 飽 full	포
은 銀 돈 money	으언	부모, parents	포메
익, 더할 益 add	익	화(火)불 fire	화이

제6과 : 용건

당신은 지금 어디 가느냐?
　짜우 시 빠이 사이　　　　　　　시 : 지금　빠이 : 가다

ເຈົ້າ ຊິ ໄປ ໃສ ?

그는 학교 갑니까?
　라우 시 빠이 홍히얀 보　　　　홍히안 : 학교

ລາວ ຊິ ໄປ ໂຮງ ຮຽນ ບໍ ?

예. 갑니다
　다이 빠이

ດວຍ ໄປ

당신은 지금 사무실에 가느냐?
　짜우 시 보 빠이 홍깐 보　　　　홍깐 : 사무실

ເຈົ້າ ຊິ ບໍ່ ໄປ ຫ້ອງການ ບໍ ?

아니요. 안갑니다
　보' 보빠이

ບໍ່, ບໍ່ ໄປ

너는 어디 갔다 왔느냐?
　　짜우 빠이 사이 마

ເຈົ້າ ໄປ ໃສ ມາ ?

나는 집에 간다.
　　코이 시 므아 반　　　　　반 : 집

ຂ້ອຍ ຊິ ເມືອ ບ້ານ

그 사람은 어디 가나요?
　　라우 시 빠이 사이　　　　사이 : 어디

ລາວ ຊິ ໄປ ໃສ ?

그는 물건 사러 간다.
　　라우 시 빠이 스 크앙　　　스 : 사다

ລາວ ຊິ ໄປ ຊື້ ເຄື່ອງ

어디 갔다 왔나?
　　짜우 빠이 사이 마아
ເຈົ້າ ໄປ ໃສ ມາ ?
나는 병원에 갔다 왔다F 너는?

코이 빠이 홍모 마 짜우 데   홍모 : 병원

ຂ້ອຍ ໄປ ໂຮງໝໍ ມາ, ເຈົ້າ ເດ ?

나는 친구를 보러 갔다 왔다.
코이 빠이 얌 무 마   무 : 친구

ຂ້ອຍ ໄປ ຍາມ ໝູ່ ມາ

당신은 어디 갔다 왔나?
짜우 빠이 사이 마아

ເຈົ້າ ໄປ ໃສ ມາ ?

*** 단어 익히기 ***

햇	일하다	남	어떤
다이	할 수 있다	오깐	함께
맨보	맞습니까?	랏	정부
다이	어떤	통티오	관광
완	날, 일	드언	달, 월

- 52 -

제7과 : 물건이름

이것이 무엇입니까?
안니 맨 냥
ອັນນີ້ ແມ່ນ ຫຍັງ ?

안니 : 이 물건

이것은 볼펜입니다.
안니 맨 빅
ອັນນີ້ ແມ່ນ ບິກ

빅 : 볼펜

이것은 무엇이라 부릅니까?
안니 언와 냥
ອັນນີ້ ເອີ້ນວ່າ ຫຍັງ ?

냥 : ~라고 부르다

이것은 연필입니다.
안니 언와 쏘담
ອັນນີ້ ເອີ້ນວ່າ ສໍດໍາ

쏘담 : 연필   담: 검은 색

이것은 테이블입니까?
안니 맨 또 보
ອັນນີ້ ແມ່ນ ໂຕະ ບໍ ?

또 : 테이블

아니오. 이것은 테이블이 아닙니다.
　　보. 안난 보 맨 또

ບໍ່. ອັນນັ້ນ ບໍ່ ແມ່ນ ໂຕະ

그러면 이것은 무엇입니까?
　　깐 산 언와 냥　　　　　　칸 산 : 그러면

ຄັນ ຊັ້ນ ເອີ້ນວ່າ ຫຍັງ

이것은 의자입니다.
　　안니 언와 땅　　　　　　　땅 : 의자

ເອີ້ນວ່າ ຕັ່ງ

그건 내 것입니다.
　　안난 멘 콩 코이　　　　　　콩 : 물건

ອັນນັ້ນ ແມ່ນ ຂອງ ຂອຍ

*** 단어 익히기 ***

걷다	냐	공부하다	히안 낭스
놀다	린	보내다	송
물건 사다	스 크안	돌아오다	므아 |//

산보하다	냐 린	일하다	깐
이발하다	땃 폼	찾다	하아
부르다	언	사다	스

마당	던	마을	므앙
무슨	맨	물건	안
병원	홍모	도시(시내)	냐이 므앙
도시(시내)	냐이 므앙	볼펜	빅
비행기	녀 흐아빈	공항	던연

사무실	홍깐		스포츠	끼라
시계	몽		시장	따랏
연필	쏘담		우체국	빠이사니
의자	땅		이것	니
친구	무		테이블	또
편지	쫏 마이			

메콩강 건너 부처동굴 가는 배 - 루앙프라방

제8과 : 시간(1)

당신들은 몇 시에 수업을 시작합니까?

　　푸악 짜우 히안 짝 몽

　　ພວກ ເຈົ້າ ຮຽນ ຈັກ ໂມງ ?

우리는 9시에 시작합니다.

　　푸악 코이 히안 까오몽

　　ພວກ ຂ້ອຍ ຮຽນ ເກົ້າ ໂມງ

당신은 아침을 몇 시에 먹습니까?

　　짜우 낀 카오 사오 짝 몽

　　ເຈົ້າ ກິນ ເຂົ້າ ເສົ້າ ຈັກ ໂມງ ?

7시입니다.

　　쨋 몽

　　ເຈັດ ໂມງ

점심은 몇 시에 합니까?

카오 티앙 데

ເຂົ້າ ທ່ຽງ ເດ ?

우리는 12시 30분에 끝냅니다.

코이 낀 카오 티앙 십 송 몽 커이

ຂ້ອຍ ກິນ ເຂົ້າ ທ່ຽງ ສິບ ສອງ ໂມງ ເຄິ່ງ

루앙프라방 궁중 무용

* 라오스 역사와 국가형성 *

5세기경 베트남 중부 지역의 참파(Champa) 왕국이 현재의 참파삭(Champasak) 지역으로 확장하게 되자, 메콩강 서쪽으로 이동하고, 칸다부리(Candaburi)라는 현재의 비엔티안 지역에 몽족의 왕국이 성립되었다.

1353년 크메르의 라오족 왕자 파눔(Fangum)이 루앙프라방(Luang Prabang)에 근거하여 지금의 태국 영토인 치앙마이·치앙라이·우돈타니까지 포함하는 란상왕조를 세우고 번창하였으나, 18세기 초반이 되자 왕조는 왕위계승을 둘러싸고 3국으로 분열되어 내분에 접어들게 되었다.

1893년부터 라오스 왕국은 60여 년 간 프랑스의 지배를 받게 된다. 2차 대전 중이던 1944년에는 일본의 지배를 받았고, 다시 프랑스의 지배를 받아오다가 1949년 7월 19일 독립하였으나, 왕당파, 중립파, 공산파로 분리되어 있던 중 수년간 여러 차례의 제네바 협상 끝에 왕족이자 공산당 출신인 카이손 폼비안(Kaysone Phomvihane)이 초대 대통령이 되므로 1975년 12월 2일 국가가 형성되었다

제9과 : 누가 어떻게

누구와 함께 삽니까?

    짜우 유 깝 파이   깝파이 : 함께

    ເຈົ້າ ຢູ່ ກັບ ໃຜ ?

나는 친구와 함께 삽니다.

    코이 유 깝 파이 무 코이   유 : 있다, 머문다. 무 : 친구

    ຂ້ອຍ ຢູ່ ກັບ ໃຜ ໝູ່ ຂ້ອຍ

누구와 함께 학교에 왔습니까?

    짜우 마 홍히안 깝파이 ?

    ເຈົ້າ ມາ ໂຮງ ຮຽນ ກັບ ໃຜ ?

나는 혼자 왔습니다.

    코이 마 푸디 아우   푸디 아우 : 혼자

    ຂ້ອຍ ມາ ຜູ້ດຽວ

어떻게 빡산에 왔느냐?

짜우 마 빡산 남냥   남냥 : 어떻게

ເຈົ້າ ມາ ປະກັຽບ ນຳຫຍັງ

나는 차로 왔습니다.

코이 마 남롯   남롯 : 차(車)로

ຂ້ອຍ ມາ ນຳ ລົດ

왜 왔느냐?

짜우 마 냥   냥 : 왜? 때문에

ເຈົ້າ ມາ ຫຍັງ ?

물건 사러 왔습니다.

코이 마 스 쿠앙   쿠앙 : 물건

ຂ້ອຍ ມາ ສຶ ເຄື່ອງ

언제 너희들 공부가 시작되느냐?

- 61 -

푸악 짜우 히안 짝 몽

ພວກ ເຈົ້າ ຮຽນ ຈັກ ໂມງ?

우리는 9시에 수업을 시작한다.

푸악 코이 히안 까우 몽

ພວກ ຂ້ອຍ ຮຽນ ເກົ້າ ໂມງ

언제 너희들 공부가 끝나느냐?

푸악 짜우 락 짝 몽   락 : 끝나다

ພວກ ເຈົ້າ ເລິກ ຈັກ ໂມງ ?

나는 점심을 12시 30분에 먹는다.

코이 낀 카오 티앙 십송   몽 컹

ຂ້ອຍ ກິນ ເຂົ້າ ທ່ຽງ ສິບສອງ ໂມງ ເຄິ່ງ

나는 물건 사러 왔다.

코이 마스 크앙　　　　크앙 : 물건

ຂອຍ ມາ ສ ເຄື່ອງ

그들은 버스를 탄다.

카오 짜우 키 롯 메 마

ເຂົາ ເຈົ້າ ຂີ່ ລົດ ເມ ມາ

선생님은 어떻게 오는가요?

아짠 다라 데　　　　아짠 : 선생님

ອາຈານ ຄາລາ ເດ໋ ?

그들은 학교에 어떻게 오나요?

카오 짜우 키 냥 마 홍히안

ເຂົາ ເຈົ້າ ຂີ່ ຫຍັງ ມາ ໂຮງຮຽນ ?

그녀는 차를 운전한다.

라우 캅 롯 마

ລາວ ຂັບ ລົດ ມາ

루앙프라방 스님들의 탁밧

제10과 : 시간(2)

라오어로 시계를 뭐라고 합니까?

    파사 라오 워치 빼와 냥 ?　　　　냥 : 무엇(의문문)
    ພາ ສາ ລາວ watch ແປວ່າ ຫຍັງ

시계는 라오어로 몽이다.

    파사 라오 워치 빼와 몽　　　　몽 : 시계(시간)
    ພາສາ ລາວ watch ແປວ່າ ໂມງ

당신은 언제 왔습니까?

    짜우 마 니 므 다이　　　　　　므다이 : 언제
    ເຈົ້າ ມາ ນີ້ ມື້ ໃດ ?

어제 왔습니다

    코이 마 므완니　　　　　　　　므완니 : 어제
    ຂ້ອຍ ມາ ມື້ວານນີ້

언제 돌아갈 것입니까?

짜우 시 므아 므다이?　　　　　　　시 므아 : 돌아가다

ເຈົ້າ ຊິ ເມືອ ມື້ໃດ ?

나는 내일 돌아 갈 것입니다.

코이 시 므아 므은　　　　　　　　므은 : 내일

ຂ້ອຍ ຊິ ເມືອ ມື້ອື່ນ

그들은 지난 주에 도착했다.

카우 짜우 마 훗 아팃 레우니　　훗 아팃 : 지난 주

ເຂົາ ເຈົ້າ ມາ ຮອດ ອາ ທິດ ແລ້ວ ນີ້

나도 그렇습니다.

코이 끄깐　　　　　　　　　　　끄깐 : 역시
ຂ້ອຍ ຄື ກັນ.

그들은 더 머물 것입니까?

카우 짜우 시 유 돈 보 ?
ເຂົາ ເຈົ້າ ຊິ ຢູ່ ດົນ ບໍ່?

시 : 예정,   돈 : 더 오래

저것은 누구 것입니까?

안난 멘 콩 파이?
ອັນນັ້ນ ແມ່ນ ຂອງ ໃຜ ?

멘 : 누구, 콩: 소유

이건 당신의 것입니까?

안난 맨 콩 짜우 보?
ອັນນີ້ ແມ່ນ ຂອງ ເຈົ້າ ບໍ່ ?

보 : 묻는 말?

예, 제 것입니다.

안난 멘 콩 코이
ອັນນີ້ ແມນ ຂອງ ຂ້ອຍ

* 국제 표준 발음기호와 함께 읽기 *

ອາທິດ	ʔaathit	주
ໃດ	day	무엇
ດົນ	don	오래
ເດືອນ	dɯan	월
ຫັ້ນ	han	거기
ຮອດ	hɔ́ɔt	도착
ຄືນນີ້, ຄືນວານນີ້	khɯɯn nii,	어제밤
ຄືກັນ	khɯɯ kan	역시
ແລງນີ້	lɛɛŋ nii	오늘밤
ແລ້ວນີ້	lɛɛw nii	지난날
ປີ	pii	년
ມື້	mɯɯ	날
ມື້ໃດ	mɯɯ day	언제
ມື້ອື່ນ	mɯɯ ɯɯn	내일
ມື້ຮື	mɯɯ hɯɯ	모레
ມື້ວານນີ້	mɯɯ waan nii	어제

ມື້ນບີ້	mɯ̀ɯ sɯ́ɯn nii	그저께
ມື້ໜາ	mɯ̀ɯ naa	언제쯤
ໜາ	naa	다음
ມື້ພັກ	mɯ̀ɯ phak	휴일
ພັກ	phak	쉬다
ເສັງ	sěŋ	검사하다

루앙프라방 수파누봉 대학교 - 한국정부의 지원

제11과 : 얼마나 오래, 나이

당신들은 얼마나 오래 공부 했습니까?

푸악짜우 히안 다이 돈 빤다이 레우

ພວກເຈົ້າ ຮຽນ ໄດ້ ດົນ ປານໃດ ແລ້ວ?

우리는 3주 동안 공부했습니다.

하우 히안 다이 삼 아팃 레우

ເຮົາ ຮຽນ ໄດ້ ສາມ ອາ ທິດ ແລ້ວ

당신들은 얼마나 더 오래 공부 할겁니까?

푸악 짜우 시 히안 익 돈 빤다이

ພວກ ເຈົ້າ ຊິ ຮຽນ ອີກ ດົນ ປານໃດ ?

우리는 9개월간 더 공부합니다.

하우 시 히안 익 까우 드안

ເຮົາ ຊິ ຮຽນ ອີກ ເກົ້າ ເດືອນ

당신은 나이가 얼마입니까?

아뉴 짜우 다이 짝삐 레우

ອາຍ ເຈົ້າ ໄດ້ຈັກ ປີແ ລ້ວ ?

나는 25세입니다.

코이 다이 싸우 하삐 레우

ຂ້ອຍ ໄດ້ ຊາວ ຫ້າ ປີ ແລ້ວ

사장님은 나이가 얼마인가요?

후아나 데?

ຫົວ ຫນ້າ ເດ໋ ?

그는 40세입니다.

라우 다이 시십 삐

ລາວ ໄດ ສີ່ສິບ ປີ

공항까지는 차로 몇 분이나 걸립니까?

캅 롯 빠이 다안빈 사이웨라 짝나티

ຂັບ ລົດ ໄປ ເດີ່ນ ບິນ ໃຊ້ເວ ລາ ຈັກ ນາ ທີ?

- 71 -

20분 걸립니다.

싸이 웨라 싸오 나티

ໃຊ້ເວລາ ຊາວ ນາທີ

탕온까지 얼마나 걸립니까?

빠이 탕온 사이 웨라 돈빤 다이

ໄປ ທ່າງອນ ໃຊ້ເວລາ ດົນປານ ໃດ ?

한 시간 반 가량 걸립니다.

사이 웨라 빠만 컹 수아 몽

ໃຊ້ເວລາ ປະມານ ເຄິ່ງ ຊົ່ວ ໂມງ

* 숫자와 단어 익히기 *

(3과 10은 한국말과 똑 같다)

십삼	ສິບສາມ	sip saam	13
십시	ສິບສີ່	sip sii	14
십하	ສິບຫ້າ	sip haa	15
십혹	ສິບຫົກ	sip hok	16
십쨋	ສິບເຈັດ	sip cet	17
십팻	ສິບແປດ	sip pɛ̂ɛt	18
십까오	ສິບເກົ້າ	sip kaw	19
싸우	ຊາວ	saaw	20
싸우엣	ຊາວເອັດ	saaw ʔet	21
삼십	ສາມສິບ	saam sip	30
시십엣	ສີ່ສິບເອັດ	sii sip ʔet	41
하십송	ຫ້າສິບສອງ	haa sip sɔ̌ɔŋ	52
혹십삼	ຫົກສິບສາມ	hok sip saam	63
더 많이	ອີກ	ʔiik	more
분 시간	ນາທີ	naathii	minute

대략 ປະມານ	pamaan	approximately
절반 ເຄິ່ງ	khɔ̄ŋ	half
시간 ເວລາ	weelaa	time
어느 정도 ປານໃດ	paan day	to what extent
시간 ຊົ່ວໂມງ	sua mooŋ	hour

노천 식당 점심 준비

제12과 : 방향

세탁소는 어느 방향인가요?

빠이 한 삭 크앙 빠이 탕 다이

ໄປ ຮ້ານ ຊັກ ເຄື່ອງ ໄປ ທາງ ໃດ ?

곧 바로 가세요.

냥 빠이 스스

ຢ່າງ ໄປ ຊື່

멀리 있어요?

유 까이 보

ຢູ່ ໄກ ບໍ່ ?

아니오. 가까워요.

보, 유 까이 니

ບໍ່, ຢູ່ ໃກ້ໆ ນີ້

란상 호텔은 어느 쪽으로 갑니까?

빠이 홍헴 란상 빠이 탕 다이

ໄປ ໂຮງແຮມ ລ້ານຊ້າງ ໄປ ທາງ ໃດ ?

바로 가서 오른 쪽으로 돌아라.

빠이 스스 러우 랴우 쿠아

ໄປ ຊື່ໆ ແລ້ວ ລ້ຽວ ຂວາ

어디서 돌아야 합니까?

랴우 유 사이

ລ້ຽວ ຢູ່ ໃສ ?

대중교통 수단인 '점보'

분수대에서 돌아가시오.

랴우 유 남푸
ລ້ຽວ ຢູ່ ນ້ຳພຸ

당신 집은 어디 있느냐?

흐안 짜우 유 사이
ເຮືອນ ເຈົ້າ ຢູ່ ໃສ ?

아침시장 앞에 있습니다.

유 나 따랏 사우
ຢູ່ ໜ້າ ຕະຫຼາດ ເຊົ້າ

어디에 있습니까?

유 본 다이
ຢູ່ ບ່ອນ ໃດ ?

약국 옆에 있다.

유 캉 한 카이 야

ຢູ່ ຂ້າງ ຮ້ານ ຂາຍ ຢາ

라오스의 화폐단위는 낍(kip)이며, 2018년 기준 10,000낍은 한국 돈으로 1,400원 정도 가치가 있다.

*** 단어 익히기 ***

장소	ບ່ອນ	bɔ̀ɔn
점포	ຮ້ານ	haan
식당	ຮ້ານອາຫານ	haan ʔaahaan
양복점	ຮ້ານຕັດເຄື່ອງ	haan tat khɯ̌ɯaŋ
이발소	ຮ້ານຕັດຜົມ	haan tat phom
약국	ຮ້ານຂາຍຢາ	haan khaay yaa
사진관	ຮ້ານຖ່າຍຮູບ	haan thaay huup
란상호텔 Lane Xang Hotel	ໂຮງແຮມລ້ານຊ້າງ	hooŋ hɛ̀ɛm laan saaŋ
멀리	ໄກ	kay 까아이
가까이	ໃກ້	kay 까이
옆에	ຂ້າງ	khaaŋ
오른쪽	ຂວາ	khua
그러면	ແລ້ວ	lɛ́ɛw
돌다	ລ້ຽວ	liaw

앞에	ໜ້າ	naa
여기	ນີ້	phii
저기	ພຸ້ນ	phun
왼쪽	ຊ້າຍ	saay
바로	ຊື່ໆ, ຊື່ໆ	sɯ̀ɯ, sɯ̀ɯsɯ̀ɯ
길	ຖະໜົນ	thanon
세타티랏 길 **Sethathilat St.**	ເສດຖາທິລາດ	thanon seet thaa thilaat
분수대	ນ້ຳພຸ	nam phu
길	ທາງ	thaaŋ
뒤에	ທາງຫຼັງ	thaaŋ lǎŋ
앞에	ທາງໜ້າ	thaaŋ naa

코끼리 트레킹

* 라오스 경제와 개방정책 *

　라오스는 사회주의 국가이지만 일찍부터 시장경제를 채용하였다. 1992년에 라오스 경제는 개방의 길을 걷게 된다. 2000년을 넘어서면서 연 7% 이상의 경제성장을 기록하며, 2009년에는 관광을 위시한 거의 모든 분야에 외국인이 지분 형태로 참여할 수 있게 하였다.

　특히 라오스의 관광산업은 해마다 관광객이 20%이상 증가하는 중요한 산업이 되고 있다. 한국에서 인천 부산 김해에서 매일 라오항공, 에버부산, 제주항공, 티웨이, 진에어 등 5개 항공사가 직항을 운영하고 있다. 일인당 GDP는 1,800달러로 추산하고 있다. 2018년 총 무역액이 45억달러 정도이다.

제13과 : 날자·요일·계절

오늘은 무슨 요일입니까?

므니 맨 완 냥

ມື້ນີ້ ແມ່ນ ວັນ ຫຍັງ ?

오늘은 목요일입니다.

므니 맨 완 파핫

ມື້ນີ້ ແມ່ນ ວັນ ພະ ຫັດ

오늘이 몇 일 인가요?

완 티 타우 다이

ວັນ ທີ ເທົ່າ ໃດ ?

20일입니다.

완 티 싸오

ວັນ ທີ ຊາວ

당신은 몇 월에 가느냐?

짜우 시 빠이 드안 다이

ເຈົ້າ ຊິ ໄປ ເດືອນ ໃດ ?

나는 8월에 갑니다.

코이 시 빠이 드안 뺏(8월)

ຂ້ອຍ ຊິ ໄປ ເດືອນ ແປດ

당신은 내년에 돌아옵니까?

짜우 시 깝 마 삐 나 보

ເຈົ້າ ຊິ ກັບ ມາ ປີ ໜ້າ ບໍ ?

아니오. 나는 올해 옵니다.
보, 코이 시 깝 마 삐니

ບໍ່, ຂ້ອຍ ຊິ ກັບ ມາ ປີນີ້

TV를 자주 봅니까?

　　짜우 붕 토라팝 라이 라이 보
　ເຈົ້າ ເບິ່ງ ໂທລະພາບ ເລື້ອຍໆ ບໍ່ ?

아닙니다. 나는 주로 토요일과 일요일에만 봅니다.

　　보, 탐 타마 다 코이 붕 때 완싸우 완 아팃
　ບໍ່, ຕາມ ທຳມະ ດາ ຂ້ອຍ ເບິ່ງ ແຕ ວັນ ເສົາ ກັບ ວັນ ອາ ທິດ

당신 어떤 것을 좋아합니까?

　　짜우 막 방 냥
　ເຈົ້າ ມັກ ເບິ່ງ ຫຍັງ ?

대부분, 나는 스포츠만 봅니다.

　　수완 라이 코이 막 방 때 끼라
　ສ່ວນ ຫຼາຍ ຂ້ອຍ ມັກ ເບິ່ງ ແຕ່ ກິລາ

*** 단어 익히기 ***

쨋십시 ເຈັດສິບສີ່	cét síp sīı	74
뺏십하 ແປດສິບຫ້າ	pɛ̂ɛt síp hâa	85
까오십혹 ເກົ້າສິບຫົກ	kàw síp hók	96
호이 ຮ້ອຍ, ຫນື່ງຮ້ອຍ	hɔ̀ɔj	100
판 ພັນ, ຫນື່ງພັນ	phán	1,000
팽 ເພັງ	phéŋ	노래하다 song
황 ຟັງ	fáŋ	듣다 to listen
깝 ກັບ	káp	함께 with, and
카우 ຂາວ	khāaw	뉴스 news
레 ແລະ	lɛ	그리고 and
르아이 ເລື້ອຍ	lȳaj	가끔 often
르아이 라이 ເລື້ອຍໆ	lȳajlȳaj	자주 quite often
수완라이 ສວນຫຼາຍ	sūan lǎaj	대부분 mostly
땀 타마다 ຕາມທຳມະດາ	tǎam thámmadǎa	보통 usually
때 ແຕ່	tɛ̄ɛ	그러나 but

티 ห็	thíɪ	순번 ordinal marker
토라팝 โหຼະพาบ, โหຼະทัด	thóolaphàap thóolathàt	TV
타우다이 เท่าใด, ทํ่าใด	thāwdaj, thɔ̄ɔdaj	얼마나 how much
완 วัน	wán	요일 day of week
완 아팃 วันอาทิด	wán ăathīt	Sunday
완짠 วันจัน	wán căn	Monday
완 앙칸 วันอังคาน	wán ăŋkháan	Tuesday
완 풋 วันພຸด	wán phūt	Wednesday
완 파핫 วันພະหัด	wán phahát	Thursday
완 숙 วันສຸກ	wán súk	Friday
완싸우 วันເສົາ	wán săw	Saturday
위타뉴 วิทะยุ	wīthañū	radio

제14과 : 설명, 의논

라오스 말 배우기 어렵습니까?

히안 파사 라오 냑 보
ຮຽນ ພາສາ ລາວ ຍາກ ບໍ່ ?

아니, 전혀 어렵지 않아요.

보, 보 냑 독
ບໍ່, ບໍ່ ຍາກ ດອກ

정말입니까?

이리 보
ອ່ຫຼື ບໍ ?

정말, 그러나 지루하다.

이리 떼 마이 라이

ຂໍໂທດ, ແຕ່ ເມື່ອຍ ຫຍາຍ

미안하지만 뭐라고 말하셨나요?

코톳 짜우 탐와 냥 커
ຂໍໂທດ, ເຈົ້າ ຖາມວ່າ ຫຍັງ ເກາະ ?

혹시 연필 있는지요?

코이 탐와 짜우 미 소 보
ຂ້ອຍ ຖາມວ່າ, ເຈົ້າ ມີ ສໍບໍ່ ?

여기 있어요.

미 선
ມີ, ເຊີນ

고맙습니다.

콥 짜이
ຂອບ ໃຈ

천만에요. 괜찮습니다.

보 뺀냥
ບໍ່ ເປັນຫຍັງ

그가 어디 간다고 말했습니까?

라우 와 라우 시빠이 사이 코
ລາວ ວ່າ ລາວ ຊິ ໄປ ໃສ ເກາະ ?

그는 서울에 간다고 말했습니다.

라우 복 와 라오 시 빠이 서울
ລາວ ບອກ ວ່າ ລາວ ຊິ ໄປ ຮູ້ວລ

언제 그가 떠날까요?

라우 시 빠이 므 다이 코
ລາວ ຊິ ໄປ ມື້ ໃດ ເກາະ ?

나는 잘 모릅니다.

코이 보메 짜이
ຂ້ອຍ ບໍ່ ແມ່ນ ໃຈ,

아마 내일 떠날 겁니다.

방티 라오 시 빠이 므은
ບາງທີ ລາວ ຊິ ໄປ ມື້ອື່ນ

*** 단어 익히기***

말하다. to tell	ບອກ	bôɔk
아마 maybe	ບາງທີ	băaŋ thíɪ
약간 some; please	ແດ່, ແນ່	dɛ̄ɛ, nɛ̄ɛ
정말 really	ອີ່ຫຼີ	īɪ lĭɪ
빌리다 to borrow	ຢືມ	jy̌ym
세련된 smart, skillful	ເກ່ງ	kēeŋ
이해하다 to understand	ເຂົ້າໃຈ	khâwcǎj
생각하다 to think	ຄິດ	khȳt
미안 excuse	ຂໍໂທດ	khɔ̌ɔ thòot
다시 again?	ເກາະ	kō
더 again	ອີກ	ĭɪk
재미 fun, pleasant	ມ່ວນ	mūan
피곤 tired	ເມື່ອຍ	mȳaj
확실 sure	ແນ່ໃຈ	nɛ̄ɛ cǎj
어려운 difficult	ຍາກ	ñàak
쉬운 easy	ງ່າຍ	ŋāaj
타캑 ThaKhek	ທ່າແຂກ	thāa khɛ̂ɛk
묻다 to ask	ຖາມ	thǎam
알다 to know	ຮູ້	hùu

제15과 : 식당에서

커피에 설탕을 탑니까?

   까페 짜우 사이 남딴 보
   ກາ ເຟ ເຈົ້າ ໃສ່ ນ້ຳ ຕານ ບໍ່ ?

예.   사이   ໃສ່

몇 숫갈이나 넣습니까?

   사이 짝 부앙
   ໃສ່ ຈັກ ບວງ

두 숫갈이요.

   사이 송 부앙
   ໃສ່ ສອງ ບວງ

그는 빵을 사고 싶습니다.

   라우 약 스 카오찌
   ລາວ ຢາກ ຊື້ ເຂົ້າຈີ່

그는 몇 덩어리나 사려고 합니까?

라우 시 스 짝 콘
ลาว สิ ซื้ จัก ก้อน

한 덩어리만 삽니다.

콘 댜우 타우 난
ก้อนດຽວ ເທົ່າ ນັ້ນ

그건 2,500 낍입니다.

꼰 능 송 판 하호이 낍
ก້อน ຫນຶ່ງ ສອງ ພັນ ຫ້າຮ້ອຍ ກີບ

무얼 드시렵니까?

짜우 시 낀 냥
ເຈົ້າ ສິ ກິນ ຫຍັງ ?

찬 맥주를 드십니까?

미 비아 옌 보
ມີ ເບຍ ເຢັນ ບໍ ?

예, 몇 병이나 드십니까?

짜우, 미 아우 짝 깨오
ເຈົ້າ, ມີ, ເອົາ ຈັກ ແກ້ວ
큰 병, 한 병입니다.

아우 깨오 냐이 깨오 능
ເອົາ ແກ້ວ ໃຫຍ່ ແກ້ວ ໜຶ່ງ

전통주 (라오 라오) 제조장

*** 단어 익히기***

숫가락 spoon	ບ່ວງ	būaŋ
바라다. to want	ຍາກ	jâak
할 수 있다. can	ກະປ໋ອງ	kapǒŋ
병 bottle	ແກ້ວ	kɛ̂ɛw
빵 bread	ເຂົ້າຈີ່	khâw cīɪ
낍 Kip (Lao money)	ກີບ	kîɪp
덩어리 lump, loaf	ກ້ອນ	kɔ̀ɔn
술 alcohol, liquor	ເຫຼົ້າ	lâw
물 water	ນ້ຳ	nàm
작은 small	ນ້ອຍ	nɔ̀ɔj
큰 large	ໃຫຍ່	ñāj
비누 soap	ສະບູ	sabǔu

제16과 : 담배, 약, 휘발유

당신은 담배 피우십니까?

   짜우 숩 야 보
   ເຈົ້າ ສູບ ຢາ ບໍ ?

예, 그러나 조금 피웁니다.

   숩 유 떼 숩 노이
   ສູບ, ຢູ່ ແຕ່ ສູບ ໜ້ອຍ

하루에 몇 갑이나 피우십니까?

   짜우 숩 므능 짝송
   ເຈົ້າ ສູບ ມື້ໜຶ່ງ ຈັກ ສອງ ?

하루에 두갑 피웁니다.

   코이 숩 므능 송 콕
   ຂ້ອຍ ສູບ ມື້ ໜຶ່ງ ສອງ ກອກ

두통약이 있습니까?

짜우 미야 깨 쨉 후아 보
ເຈົ້າ ມີຢາ ແກ້ ຈັບ ຫົວ ບໍ ?

예, 이 종류는 한 알에 500낍입니다.

짜우, 네오 니 맷 능 라 카아 하 호이 낍
ເຈົ້າ ແນວ ນີ້ ເມັດ ຫນຶ່ງ ລາ ຄາ ຫາ ຮ້ອຍ ກີບ

이 종류가 가장 좋습니까?

네오 니 디 티숫 보
ແນວ ນີ້ ດີ ທີ່ສຸດ ບໍ ?

아니오. 가장 좋은 것은 더 비쌉니다.

보, 네오 디 티 숫 팽 꾸아 니.
ບໍ່ ແນວ ດີ ທີ່ ສຸດ ແພງ ກວ່າ ນີ້

가솔린 넣어주세요.

싸이 남만 하이데
ໃສ່ ນ້ຳ ມັນ ໃຫ້ ແດ່

- 95 -

몇 리터나 넣습니까?

아우 짝 릿
ເອົາ ຈັກ ລິດ?

가득 채우세요. 그리고 기름 일 리터만 주세요.

사이 템 르 아우 남만 크앙 익 릿 능
ໃສ ເຕັມ ແລະ ເອົາ ນ້ຳ ມັນ ເຄື່ອງ ອີກ ລິດ ໜຶ່ງ

비엔티엔 수도 박물관 - 과거에는 왕궁이었다.

*** 단어 익히기 ***

아프다 painful, hurt	ເຈັບ	cép
두통 headache	ເຈັບຫົວ	cép hua
머리 head	ຫົວ	hūa
치통 toothache	ເຈັບແຂ້ວ	cép kɛɛw
복통 stomachache	ເຈັບທ້ອງ	cép thɔɔŋ
담배피다 smoke	ສູບຢາ	sûup jaa
약. 담배 tobacco; medicine	ຢາ	jǎa
약을 먹다 take medicine	ກິນຢາ	kǐn jaa
치료하다 cure	ແກ້	kɛ̀ɛ
팔다 to sell	ຂາຍ	khǎaj
가격 price	ລາຄາ	láa kháa
리터 liter	ລິດ	lììt
알약 tablet, pill	ເມັດ	mēt
가스 기름 gas, oil, grease	ນ້ຳມັນ	nàm man
가솔린 gasoline	ນ້ຳມັນແອັດຊັງ	nàm man ɛ̄tsaŋ
디젤오일 diesel oil	ນ້ຳມັນກາ ສວນ	nàm man kǎa suan

기계기름 oil	ນ້ຳມັນເຄື່ອງ	nàm man khȳaŋ
기계 machine, motor	ເຄື່ອງ	khȳaŋ
방식 kind, type, way	ແນວ	nέεw
조금 few, little	ໜ້ອຍ	nôɔj
비싼 expensive	ແພງ	phε̄ε̄ŋ
보내다. 봉투 pack, envelop	ສອງ	sɔ́ɔŋ
대부분 most	ທີ່ສຸດ, ຫລາຍທີ່ສຸດ	thīɪ sút, lăaj thīɪ sút
싸다 cheap	ຖືກ	thŷyk
더 more	ອິກ	îɪk

* 라오스 입국과 교통, 비자 *

가. 항공편

한국에서 라오스로 들어가는 항공로는 다양하다. 진에어, 티웨이, 라오항공, 제주에어. 에어부산 항공사에서 **인천-비엔티엔, 부산-비엔티엔** 간 노선이 매일 개설되어 있다.

인천-방콕-비엔티엔(아시아나, 타이항공), 서울 또는 부산-하노이-비엔티엔(베트남항공), 시엠립-팍세(캄보디아항공)로 들어갈 수 있다.

비자는 2018년 9월부터 한국인에게만 30일간 무비자를 제공하기 때문에 휴식을 겸한 관광으로 매우 편리한 여행국이다.

나. 버스편

태국 **방콕의 수완나푸미** 국제공항 버스터미널(하루에 단 한 번 야간 9시에 출발한다.) **북부 모칫 터미널**(아침 6시부터 밤 11시까지)에서 라오스 국경까지 올 수 있다.

태국의 우돈타니 또는 **농카이**까지 와서 **비엔티안**행 국제버스를 갈아타야 한다. 쿠와딘 중부 버스터미널에 도착하는데 소요시간은 약 10시간 정도이다. 육로로 오는 도중에 시골 관광을 할 수 있으나 시간이 많이 걸린다

다. 열차편

　방콕 철도역에서는 기차로 우동타니를 거쳐 농카이(라오스)로 들어가는 육로 야간열차가 있다. 밤 9시까지 운행되는데 요금도 버스에 비하여 비싸고, 13시간 걸리는 관계로 시간에 관계없는 분들은 국제야간열차를 타는 맛도 좋다. 특별석은 6명이 한 방에 앉아서 갈 수 있도록 의자 딸린 방이 마련되어 있다.

　한국인의 라오스 방문객 숫자는 최근에 급격히 늘어나 2017년도에만 17만명을 기록하게 되었다.

라오스 수도 비엔티안 왓따이 국제공항

제17과 : 친척

당신을 포함해서 형제 자매가 몇이냐?

   짜우 미 아이 야이 농 남깐 짝콘?
   ເຈົ້າ ມີ ອ້າຍ ເອື້ອຍ ນ້ອງ ນຳກັນ ຈັກຄົນ?

나는 다섯 명이 있다.

   코이 미 남깐 하 콘
   ຂ້ອຍ ມີ ນຳ ກັນ ຫ້າ ຄົນ

아이들은 몇 살이냐?

   룩 짜우 다이 짝삐 레우
   ລູກ ເຈົ້າ ໄດ້ ຈັກ ປີແລ້ວ?

큰 아들은 7살이고 둘째는 5살이다. 딸은 3살이다.

   룩사이 꼭다이 쨋삐 푸 티 송 다이 하삐 룩사우 다이 삼삐
   ລູກຊາຍ ກົກໄດ້ ເຈັດປີ ຜູ້ ທີ ສອງ ໄດ້ ຫ້າປີ ລູກສາວ ໄດ້ ສາມ ປີ

부모님은 아직 살아 계시냐?

퍼메 짜우 냥 유 보
ພໍ່ແມ່ເຈົ້າ ຍັງ ຢູ່ ບໍ ?

나의 아버지는 살아계시고 어머니는 돌아가셨다.

퍼 코이 냥 때 메 코이 시아 레우
ພໍ່ ຂ້ອຍ ຍັງ ຢູ່ ແຕ່ ແມ່ ຂ້ອຍ ເສຍ ແລ້ວ

당신의 아내도 형제 자매가 있느냐?

미야 짜우 미 아이 야이 농 보
ເມຍ ເຈົ້າ ມີ ອ້າຍ ເອື້ອຍ ນ້ອງ ບໍ ?

그녀는 아무도 없다. 그녀는 외동딸이다

라우 보 미 라우. 빤 룩사우 디오
ລາວ ບໍ່ ມີ ລາວ. ເປັນ ລູກສາວ ດຽວ

- 102 -

아버지는 집에 계시느냐?

포 짜우 냥 유 반 보
ພໍ່ ເຈົ້າ ຍັງ ຢູ່ ບ້ານ ບໍ ?

아니오.
보
ບໍ່

그는 누나 집에 있어요.

펀 유 남 으아이 코이
ເພິ່ນ ຢູ່ ນຳ ເອື້ອຍ ຂ້ອຍ

몽족 마을

* 메콩강의 탄생 설화 *

메콩강의 원류는 세계에서 가장 큰 호수의 하나인 농카새세난(Nong Kasae Segnan)이라 불리우는 쿠바(Kuva)에서 발원하는데, 이 호수는 지금의 중국 영토가 된 티벳에 위치하고 있으며, 한 때는 이곳이 라오스의 영토였다.

메콩강의 총 길이는 4,020km이며, 칭하이성(靑海省)의 티베트 지방의 여러 강이 칭두(昌都) 부근에 합류하여 원란성(雲南省)을 남류해서 라오스와의 국경에 도달하여 1500km를 흘러 캄보디아 국경에서 콩 폭포를 이루며 끝이 난다.

티벳이 세계적으로 큰 강의 발원지로 알려진 것은 얼마되지 않았다. 사람들에 의하면, 양쯔강은 난(Nan)강 아래에 있는 것이라고 믿어왔다.

실제 호수는 깊은 숲으로 둘러싸여 있으며, 큰 사철나무와 야생동물이 사는 곳이다. 호수는 연꽃 종류를 비롯한 많은 수생식물과 고기, 게, 뱀과 전설적 용의 터전이었다.

라오스 사람들은 언제나 메콩(Mekong:큰 어머니)은 농카세(Nong Kasae)에서 나온 것이라고 말한다. 그리고 메콩의 물은 난강 물과 같이 한 병에 담을 수 없는데, 그 이유는 병이 깨지거나 터지기 때문이라고 한다. 이 이야기의 뒤에는 두 용왕이 서로 오해하여 싸운 전설이 내려온다.

또한 옛날 라오스 영토였던 태국 치앙마이와 일대의 라후족

이야기는 그들의 언어에도 남아있듯이 옛날 고구려 유민들이 이 지역으로 흘러들어갔을 가능성을 시사해주고 있으며, 라오스 민담에서는 영웅이 고아인 경우가 많다.

고대 왕국에서 일곱 형제는 라오스 전국에 흩어져 자기들이 물려받은 땅을 다스렸는데, 노인을 공경하도록 가르쳤고 제사를 지내도록 가르쳤다.

타이롬과 타이리는 죽은 다음에 화장(火葬)을 하도록 가르쳤고, 다른 무리에게는 매장(埋葬)을 하도록 가르쳤다. 무덤에는 깃발을 꽂고 작은 움막을 지어 자손이 밥을 떠놓고 영혼에게 제사를 드리도록 했다. 이런 묘소 옆에 움막을 짓고 지내는 제사와 장례방식은 과거 한국의 경우 시묘살이와 너무나 흡사하다.

이러한 풍습은 한국문화와의 유사성을 나타내는 예라고 할 수 있으며, 옛날 라오스의 영토이던 현재의 태국 치앙마이, 치앙라이, 그리고 북부 라오스와 미얀마에 걸쳐 살고 있는 약 50만명 이상의 라후족이 살고 있다.

이들 풍습은 한국인과 너무나 유사함을 보이고 있는데 공기놀이, 실뜨기, 팽이돌리기, 자치기, 색동저고리입기 등의 풍습을 잘 서술하고 있다. 특히 라후족은 언어, 민속, 탄생설화, 유전자 등은 우리 민족과 그 풍습이 매우 유사하다.

제18과 : 부탁, 색깔

나는 자동차가 없다.

코이 보미 랏
ຂ້ອຍ ບໍ່ມີ ລົດ

그럼 내 차를 타시오.

아우 랏 코이 코 다이
ເອົາ ລົດ ຂ້ອຍ ກໍ ໄດ້

어느 것이 당신 것입니까?

콩 짜우 맨 칸 다이
ຂອງ ເຈົ້າ ແມ່ນ ຄັນ ໃດ ?

내 것은 저기 검은색입니다.

맨 칸 시 담 푼
ແມ່ນ ຄັນ ສີ ດຳ ພຸ້ນ

대문에 있는 키 큰 사람입니다.

   라우 맨 콘 숭숭 은 유 빠뚜
   ລາວ ແມ່ນ ຄົນ ສູງໆ ຢືນ ຢູ່ ປະຕູ

푸른 셔츠를 입은 사람 맞아요?

   콘 눙 스아 시파 맨 보
   ຄົນ ນຸ່ງ ເສື້ອ ສີຟ້າ ແມ່ນ ບໍ?

맞아요.

   맨 래우
   ແມ່ນ ແລ້ວ

나는 셔츠를 사고 싶어요.

   코이 약 쓰 스아
   ຂ້ອຍ ຢາກ ຊື້ ເສື້ອ

당신은 어떤 색을 좋아하는가?

   짜우 막 시 다이
   ເຈົ້າ ມັກ ສີ ໃດ ?

나는 줄무늬를 좋아한다.

코이 막 시 라이
ຂ9ຍ ມັກ ສີ ລາຍ

이것은 이쁘다.

또 니 꽁 얌
ໂຕ ນີ້ ກໍ່ ງາມ

누가 너의 형제이냐?

아이 짜우 맨 푸 다이
ອ້າຍ ເຈົ້າ ແມນ ຜູ້ ໃດ ?

가정에서 베틀로 직물을 짜는 광경

제19과 : 의무·당연, 비행기 타기

여기서부터는 읽으면서 라오스 글자를 생각해 봅니다.

공항에 가야해요,
   코이 똥 빠이 던 빈

ຂ້ອຍ ຕ້ອງ ໄປ ເດີ່ນ ບິນ

왜 가는가요?
   빠이 헷 냥

ໄປ ເຮັດ ຫຍັງ?

여동생 송별하러 갑니다.
   빠이 송 으아이 코이

ໄປ ສົ່ງ ເອື້ອຍ ຂ້ອຍ

비행기는 언제 뜹니까?
   흐아빈 큰 짝 몽

ເຮືອບິນ ຂຶ້ນ ຈັກ ໂມງ ?

- 109 -

오후 1시 20분에 옵니다.
빠이 몽 싸우

ບ່າຍ ໂມງ ຊາວ

이 경우에 당신은 정오에 출발해야 합니다.
깐 산, 짜우 꾸안 짜옥 짝니 똔 티앙

ຄັນ ຊັ້ນ ເຈົ້າ ຄວນ ຈະ ອອກ ຈາກ ນີ້ ຕອນ ທ່ຽງ

조금 더 늦으면 비행기를 놓칠 거야.
짜우 마 사아 테 짝 노이 보 탄 논

ເຈົ້າ ມາ ຊາ ແທ້ ຈັກ ໜ້ອຍ ບໍ່ ທັນ ຍົນ

어느 것이 우리 비행기인가요?
논 콩 하우 멘 람 다이

ຍົນ ຂອງ ເຮົາ ແມ່ນ ລຳ ໃດ?

흰색과 푸른색입니다.
맨 람 시 카오 시 파

비행기 타본 적이 있어요?
짜우 커이 키 흐아 빈 보

ແມ່ນ ລຳ ສີຂາວ, ສີຟ້າ

ເຈົ້າ ເຄີຍ ຂີ່ ເຮືອ ບິນ ບໍ່ ?

아니 전혀 한번도 없어요.
보, 보 키야 짝 티아

ບໍ່,ບໍ່ ເຄີຍ ຈັກ ເທື່ອ

*** 단어 익히기 ***

오후 afternoon	ບ່າຍ	bāaj
받다 to receive	ຮັບ	hāp
들다 to pick up	ຮັບເອົາ	hāp aw
밤 nighttime	ກາງຄືນ	kăaŋ khýyn
낮 daytime	ກາງເວັນ	kăaŋ wén
중간 middle	ກາງ	kăaŋ
도착 enter, arrive	ເຂົ້າ	khâw
~한 적 ever	ເຄີຍ	khə́əj
없다 never	ບໍ່ເຄີຍ	bɔɔ khə́əj

해야만 should	ຄວນ (ຈະ)	khúan (cá)
올리다 rise, take off	ຂື້ນ	khŷn
배 clf. boats, planes	ລຳ	lám
내리다 to descend, land	ລົງ	lóŋ
잠깐 in a moment	ຈັກໜ່ອຍ	cák nôɔj
떠나다 to exit, leave	ອອກ	ôɔk
그러면 just then	ພໍດີ	phɔ́ɔ dǐɪ
천천히 slow	ຊ້າ	sàa
보내다 to send off	ສົ່ງ	sōŋ
시간 내 in time	ທັນ, ທັນເວລາ	thán, wéeláa
정확한 시간 on time	ຕາມ ເວລາ	tǎam wéelaa
정말 really, genuine	ແທ້	thὲɛ
일정 part, part of the day	ຕອນ	tɔ̌ɔn
해야만 must	ຕ້ອງ	tɔ̀ɔŋ
때 time, occasion	ເທື່ອ	thȳa
빠른 fast	ໄວ	wáj

제20과 : 언제쯤 결혼하나요?

얼마나 더 있다 떠날래요?
ꪮꪱꪹꪬꪱ 돈 빤 다이 짜우 시 다이 냐이

ອີກ ດົນ ປານ ໃດ ເຈົ້າ ຊິໄດ້ ຍ້າຍ ?

나는 아직 모릅니다.
코이 냥 보 후 트아

ຂ້ອຍ ຍັງ ບໍ່ ຮູ້ ເທື່ອ

난 2주 안에 알아야 한다.
크 시후 파이 나이 송 아팃

ຄົ ຊິ ຮູ້ ພາຍ ໃນ ສອງ ອາທິດ

당신은 벌써 결혼 했는가요?
짜우 미 콥 쿠아 레우 르 냥

ເຈົ້າ ມີ ຄອບ ຄົວ ແລ້ວ ຫຼື ຍັງ ?

- 113 -

아니 아직.
　냥 보, 탄미 트아

　　　　　　　　　　　　ຍັງ ບໍ່ ທັນ ມີ ເທື່ອ

언제 결혼할 건가요?
　빤 다이 짜우 시 땡 냔

　　　　　　　　　　　ປານ ໃດ ເຈົ້າ ຊິ ແຕ່ງ ງານ ?

아직 모르겠어요.
　코이 냥 보 후 트아

　　　　　　　　　　　　ຂ້ອຍ ຍັງ ບໍ່ ຮູ້ ເທື່ອ

언제쯤 알게 될까요?
　빤 따이 시후?

　　　　　　　　　　　　　　ປານ ໃດ ຊິ ຮູ້ ?

아마 두주 후에 쯤
　크 시후 파이 나이 송 아팃

　　　　　　　　　ຄິ ຊິ ຮູ້ ພາຍ ໃນ ສອງ ອາ ທິດ

아마 내년에.
    방 티 삐 나

ບາງ ທີ ປີ ໜ້າ

동물을 길러 본 적이 있어요?
    짜우 커야 다이 량 삿 보

ເຈົ້າ ເຄີຍ ໄດ້ ລ້ຽງ ສັດ ບໍ ?

길러본 적이 있지만 그만 두었어요.
    때 꼰 커이, 때 사우 레우

ແຕ່ ກ່ອນ ເຄີຍ, ແຕ່ ເຊົາ ແລ້ວ

무얼 길러 본적이 있어요?
    짜우 다이 량 냥 데

ເຈົ້າ ໄດ້ ລ້ຽງ ຫຍັງ ແດ່ ?

나는 닭과 오리를 길렀어요.
    코이 다이 량 까이 데 뻿 데

ຂ້ອຍ ໄດ້ ລ້ຽງ ໄກ່ ແດ່, ເປັດ ແດ່

*** 단어 익히기 ***

닭 chicken	ໄກ່	kāj
물소 water buffalo	ຄວາຍ	khúaj
아마 seem, likely	ຄິ ສິ	khýy sī
시작 begin	ເລີ່ມ	lèəm
기르다 to raise	ລ້ຽງ	lìaŋ
고양이 cat	ແມວ	mɛ́ɛw
옮기다 to move	ຍ້າຍ	ñàaj
이사하다 move house	ຍ້າຍ ເຮືອນ	ñàaj hýan
아직 not ... yet	ຍັງບໍ່ທັນ...ເທື່ອ	ñáŋ bɔ̄ɔ thán, thȳa
암소 cow	ງົວ	ŋúa
오리 duck	ເປັດ	pét
~내에 within a (period)	ພາຍໃນ	pháaj náj
동물 animal	ສັດ	sát
중단하다 서다 stop, cease	ເຊົາ	sáw
전에 과거에 before, in the past	ແຕ່ກ່ອນ	tɛ̄ɛ kɔ̄ɔn

제21과 : 왜?

나는 당신과 함께 점심 먹으러 갈 수 없다.
므 스와이 코이 마 낀 카오 남 짜우 보 다이

ມື້ ສວາຍ ຂ້ອຍ ມາ ກິນ ເຂົ້າ ນຳ ເຈົ້າ ບໍ່ ໄດ້

왜 올 수 없습니까?
뺀 냥 쯩 마 보 다이

ເປັນ ຫຍັງ ຈຶ່ງ ມາ ບໍ່ ໄດ້?

내 친구가 결혼하여 그를 도우러 가야만 합니다.
무 코이 시 아우 미야 코이 똥 빠이 수아이 위악 라우

ໝູ່ ຂ້ອຍ ຊິເອົາ ເມຍ ຂ້ອຍ ຕ້ອງ ໄປ ຊ່ວຍ ວຽກ ລາວ

그는 왜 새 건물을 짓느냐?
뺀냥 라우 쯩 뿍 흐안 마이

ເປັນ ຫຍັງ ລາວ ຈຶ່ງ ປຸກ ເຮືອນ ໃໝ່?

왜냐하면 사위가 이사하기 때문이고,
뽀 와 룩 커이 빠이 유 남

ເພາະ ວ່າ ລູກ ເຂີຍຍ້າຍ ໄປ ຢູ່ ນຳ,

옛날 집은 너무 작다.
흐안 랑 깐우 노이 폿

ຮ້ອນ ຫຼັງ ເກົ່າ ນ້ອຍ ໂພດ

왜 드시지 않습니까?
뺀냐 짜우 쯩 보 낀 카오

ເປັນຫຍັງ ເຈົ້າ ຈຶ່ງ ບໍ່ ກິນ ເຂົ້າ ?

입맛이 별로 좋지 않습니다.
코이 보 사바이

ຂ້ອຍ ບໍ່ ສະບາຍ

의사에게 가보았습니까?
짜우 다이 빠이 하모 보

ເຈົ້າ ໄດ້ ໄປ ຫາໝໍ ບໍ ?

아직 안 갔어요.
보 코이 냥 보 다이 빠이 트아

ບໍ່, ຂ້ອຍ ຍັງ ບໍ່ ໄດ້ ໄປ ເທື່ອ

신년 축하 공연
주한 라오스 대사관에서 열린 축하공연

*** 단어 익히기 ***

그래서 ຈຶ່ງ	cȳŋ	therefore
노래 ລຳ	lám	sing (Lao style)
람봉춤 ລຳວົງ	lámvóŋ	Lamvong dance
춤추다 ຟ້ອນລຳ	fɔ̀ɔnlám	dance
축하하다 ເຮັດບຸນ	hēt bǔn	to make merit
노래하다 ຮ້ອງເພັງ	hɔ̀ɔŋ phéŋ	sing
부르다 ຮ້ອງ	hɔ̀ɔŋ	call
방문 ຢາມ	jǎam	visit
함께 ຄັບ	khāp	tight
오래 ເກົ່າ	kāw	old
입원 ເຂົ້າໂຮງໝໍ	khâw hóoŋmɔ̌ɔ	stay in the hospital
사위 ລູກເຂີຍ	lùuk khɚ̌əj	son in law
자형 ອ້າຍເຂີຍ	àaj khɚ̌əj	older brother in law
매형 ນ້ອງເຂີຍ	nɔ́ɔŋ khɚ̌əj	younger brother in law

결혼 ກິນດອງ	kĭn dɔ̆ɔŋ	to marry
넓은 ກວ້າງ	kùaŋ	wide
새로운 ໃໝ່	māj	new
약속 ນັດ	nāt	set an appointment
약속하다 ມີນັດ	míɪ nāt	have an appointment
출산 ອອກລູກ	ɔ̂ɔk lùuk	give birth
집짓다 ປຸກເຮືອນ	púk hýan	build a house
세우다 ປຸກ	púk	erect
도우다 ສ່ວຍ	sūaj, sɔ̄ɔj	help
사원 ວັດ	wāt	temple
며느리 ລູກໄພ້	lùuk phàj	daughter in law
올케 ນ້ອງໄພ້	nɔ̀ɔŋ phàj	younger sister in law
시누이 ເອື້ອຍໄພ້	ỳaj phàj	older sister in law

* 고급편 *

이제부터는 여러분이 직접 라오스 글자를 읽고 말을 할 수 있는 연습을 해봅니다. 국제 발음기호에 따라 읽으시면 됩니다.

제22과 : 마중·전송

ແມ່ນ ໃຜ ຊິ ພາ ແຂກ ໄປ ກິນ ເຂົ້າ ?
mɛɛn phǎj sī pháa khɛ̂ɛk pǎj kǐn khâw
맨 파이 시 파 캑 빠이 낀 카우

누가 손님을 아침 먹으러 모시고 가겠느냐?

ແມ່ນ ຂ້ອຍ ເອງ, ກິນ ເຂົ້າ ແລ້ວ,
mɛɛn khôj ěeŋ, kǐn khâw lɛ̀ɛw,
맨 코이 응 낀 카우 레우

내가 밥먹고 할께요

ຂ້ອຍ ກໍ່ ຊິ ພາ ເຂົາ ໄປ ພັກ ຜ່ອນ
khôj kɔ̄ɔ sī pháa khǎw pǎj phāk phɔ̄ɔn
코이 꼬 시파 카우 빠이 팍 폰

내가 밥 먹고 그들을 데리고 가서 쉬게 할 겁니다.

ລາວ ເອົາ ຂັນ ເງິນ ມາແຕ່ ໃສ ?
láaw ăw khăn ŋén máa tēɛ săj
라우 아우 칸 은 마 때 사이

그는 은제 대접을 어디서 가져 왔나?

ລາວ ເອົາ ມາ ແຕ່ ຫຼວງພະບາງ
láaw ăw máa tēɛ lǔaŋ phābăaŋ
라우 아우 마때 루아파방

그는 그것을 루앙파방에서 가져왔다.

ລາວ ຊິ ເອົາຫຍັງ ກັບ ໄປ ?
láaw sī ăw ñăŋ káp păj
라우 시 아우냥 깝빠이

그는 무얼 가지고 돌아가실 건가요?

ລາວ ຊິ ເອົາ ສົ້ນ ໃໝ ກັບ ໄປ
láaw sī ăw sîn măj káp păj
라우 시 아우 신 마이 깝 빠이

그는 비단셔츠를 가지고 갈거다.

ເຈົ້າ ຊິ ສົ່ງ ປຶ້ມ ຫົວນີ້ ໄປ ໃສ ?
càw sī sōŋ pỳm hǔa nìı pǎj sǎj
짜우 시 송 쁨 루아니 빠이 사이

당신은 누구에게 이 책을 보냅니까?

ຂ້ອຍ ຊິ ສົ່ງ ໄປ ບໍ່ ແກ້ວ
khôj sī sōŋ pǎj bōɔ kɛ̀ɛw
코이 시 송 빠이 보 깨오

나는 이 책을 깨오에게 보낸다.

ເຈົ້າ ຊິ ສົ່ງ ໄປ ໃຫ້ ໃຜ ?
càw sī sōŋ pǎj hǎa phǎj
짜우 시 송 빠이 하이 파이

당신은 누구에게 보냅니까?

ຂ້ອຍ ຊິ ສົ່ງ ໄປ ໃຫ້ ຜູ້ອຳນວຍ ການ ໂຮງຮຽນ
khôj sī sōŋ pǎj hǎa phûu ǎmnúajkǎan hóoŋhían
코이 시 사이 빠이 라 푸암 누야 깐 홍히안

나는 이것을 학교 교장에게 보냅니다.

*** 단어 익히기 ***

자기 ເອງ		ěeŋ
내 스스로 ຂອຍ ເອງ		khôj ěeŋ
믿다 ຟາກ		fâak
짐 ຫໍ່		hɔ̄ɔ
책장 ຫົວ		hǔa
보께오 ບໍ່ແກ້ວ		bɔ̄ɔ kɛ̂ɛw
금 ຄຳ		khám
캄보디아 ກຳປູເຈຍ		kampuucìa
낮은 ລຸ່ມ		lūm
사발 ຫນ່ລຍ		nūaj
은 ເງິນ		ŋén
옷 ຜ້າ		phâa
비단 ຜ້າໃໝ		phâa mǎj
전송 ພາ		pháa
버마 ພະມ້າ		phāmàa

- 125 -

비단 ສົ້ນໃໝ		sîn mǎj
아랫층 ຕາລາງ, ກອງຕາລາງ		tāa lāaŋ, kɔ̀ɔŋ tāa lāaŋ
위에 ເທິງ		théŋ
윗층 ເທິງເຮືອນ		théŋ hýan
닫다 ອັດ		át
컴퓨터 ຄອມພິວເຕີ		khóɔmphíutəə
인쇄 ພິມ		phím
타이프 ຕີພິມ		tǐi phím
햇빛 ແດດ		dɛ̂ɛt
맑은 ມີແດດ		míi dɛ̂ɛt
비오다 ຝົນຕົກ		fǒn tók
비가 그치다 ຝົນເຊົາ		fǒn sáw
힘센 ແຮງ		hɛ́ɛŋ
열다 ໄຂ		khǎj
과자 ເຂົ້າໜົມ, ຂະ ໜົມ		khâw nǒm, kha nǒm

제23과 : 부탁, 가져오기

ຝົນຕົກ, ສວຍ ອັດ ປ່ອງ ຢ້ຽມ ໃຫ້ ຂ້ອຍແດ່
fǒn tók, sūaj át pōoŋ jìam hâj khôj dɛɛ
혼똑 수와이 앗 뽕 얌 하이 코이데

비가 옵니다 창문을 닫아 주세요.

ມື້ເຊົ້າ ນີ້ມີຄົນ ເອົາ ຈົດ ໝາຍ ມາໃຫ້ ເຈົ້າ
mỳy sàw nìi míi khón ǎw cótmǎaj máa hâj càw
므 사우 니미콘 아우 쫏 마이 마하이 짜우

오늘 아침, 어떤 사람이 당신 편지를 가져왔다.

ລາວ ບໍ່ ເວົ້າ ຫຍັງ ບໍ ?
láaw bɔ̄ɔ wàw ñǎŋ bɔ̌ɔ
라우 보 와우냥 보

그는 어떤 말 안 했느냐?

ລາວ ບອກ ວ່າ ລາວ ຊິ ກັບ ມາ ຕອນ ແລງ
láaw bôɔk wāa láaw sī káp máa tɔ̌ɔn lɛɛŋ
라우 복 와라우 시 깝마 똔 랭

그는 오늘 저녁에 돌아온다고 말했다.

*** 단어 익히기 ***

선물 ຂອງຂວັນ		khǒoŋ khwǎn
바람 ລົມ		lóm
바람 부는 ມີລົມ		míɪ lóm
과일 ໝາກໄມ້		mâak màj
나무 ໄມ້		màj
오렌지 ໝາກກ້ຽງ		mâak kìaŋ
바나나 ໝາກກ້ວຍ		mâak kùaj
사과 ໝາກໂປມ		mâak pòom
신문 ໜັງສືພິມ		nǎŋsy̌y phím
다른 ອື່ນ		ȳyn
젖은 ປຽກ		pîak

제24과 : ~하기 전에·후에, 하고 나서

ກ່ອນ ເຈົ້າ ມານີ້, ເຈົ້າ ເຮັດ ການ ຢູ່ ໃສ?
kɔ̄ɔn càw máa nìi, càw hēt kǎan jūu sǎj
꼰 짜우 마니 짜우 햇 깐 유 사이
여기 오기 전에 당신은 어디서 일했습니까?

ຂ້ອຍ ເຮັດການ ຢູ່ ຊຽງຂວາງ
코이 햇깐유 시앙쿠앙
khôj hēt kǎan jūu síaŋ khǔaŋ
나는 생쾅에서 일했습니다.

ເຈົ້າ ໄປ ເຮັດ ຫຍັງ ຢູ່ ຫັ້ນ ພຸ້ນ ?
càw pǎj hēt ñǎŋ jūu han phùn
짜우 빠이 햇 냥 유 한 푼
거기서 무얼 했습니까?

ຂ້ອຍ ໄປ ເຮັດ ໂຄງ ການ ພັດທະນາ
khôj pǎj hēt khóoŋkǎan phātthanáa
코이 빠이 햇 콩 깐 빳타나
나는 개발업무를 했습니다.

ຫຼັງ ຈາກ ປະ ຊຸມ ແລ້ວໆ ເຈົ້າ ຊິ ເຮັດ ຫຍັງ ?
lǎŋcâak pasúm lɛ̀ɛw lɛ̀ɛw, càw sī hēt ñăŋ
랑 짝 빠 숨 레우레우 짜우 시 햇 냥
회합이 끝난 후 무얼 할 겁니까?

ຂ້ອຍ ຊິ ໄປ ພົບ ຫົວໜ້າ ພະແນກ ກ່ອນ
ແລ້ວ ຊິ ກັບ ເມືອ ບ້ານ ?
khôj sī pǎj phōp hǔa nâa phanɛ̂ɛk kɔ̄ɔn,
lɛ̀ɛw sī káp mýa bàan
코이 시 빠이 뽑 후아나 파넥꼰
레우 시 깝 므아 반
나는 부장을 먼저 만나고 그리고 집으로 돌아 갈 것입니다.

ຕອນ ເຈົ້າ ເຮັດ ວຽກ ຢູ່ ສົນນະບົດ,
ເຈົ້າ ເຮັດ ຫຍັງ ແດ່
tɔ̆ɔn càw hēt wìak juu sónnabót,
càw hēt ñaŋ dɛɛ̇
똔 짜우 햇 위아 유 손나봇 짜우 햇 냥데
시골에서 무슨 일을 했습니까?

ຕອນ ນັ້ນ ຂ້ອຍ ແນະນຳ ເລື່ອງ ການ ວາງ ແຜນ ຄອບຄົວ
tɔ̆ɔn nàn, khôj nɛ̄ nám lyaŋ kǎan wáaŋ phɛ̌ɛn khɔ̀ɔpkhúa
똔 난 코이 네 남 렝 칸 왕 펜 콥꾸와
그때는 가족 상담사를 했습니다.

*** 단어 익히기 ***

시골 countryside	ບ້ານ ນອກ	bàan nɔ̀ɔk
도지사 Provincial Governor	ເຈົ້າ ແຂວງ	càw khwɛ̌ɛŋ
군 District	ເມືອງ	mýaŋ
군수 District Governor	ເຈົ້າ ເມືອງ	càw mýaŋ
일 job, work	ການ	kǎan
우선 first of all	ກ່ອນ ອື່ນ	kɔ̄ɔn ȳyn
후에 after	ຫຼັງຈາກ	lǎŋ câak
마치다 finish; then	ແລ້ວ	lɛ́ɛw
일 affair; about	ເລື່ອງ	lȳaŋ
외국 foreign country	ຕ່າງປະເທດ	tāaŋ pathèet
마지막 finally	ໃນທີ່ສຸດ	náj thīɪ sút
충고하다 advise	ແນະນຳ	nē nám
피난하다 take refuge	ອົບພະຍົບ	ópphāñōp
피난민 refugee	ຄົນອົບພະຍົບ	khón ópphāñōp
이장 village chief	ນາຍບ້ານ	náaj bàan

생쾅 Xieng Khouang	ຽງຂວາງ	síaŋ khǔaŋ
따르다 follow; according to	ຕາມ	tăam
그러면 part; when, while	ຕອນ	tɔ̌ɔn
결국 afterwards, later	ຕອນຫຼັງ	tɔ̌ɔn lǎŋ
그때 then, at that time	ຕອນນັ້ນ	tɔ̌ɔn nàn
먼저 at first	ຕອນທຳອິດ	tɔ̌ɔn thám ít

바나나 구이 -- 삥 막과이

제25과 : 계속·벌써·아직

ເຈົ້າ ຊິ ຮຽນ ພາສາ ລາວ ຕໍ່ ບໍ່ ?
caw sī hian phaasaa laaw tɔɔ bɔɔ
짜우 시 히안 파사 라우 또 보
라오스어 공부를 계속하실 겁니까?

ຮຽນ, ຂ້ອຍ ຊິ ຮຽນ ຕໍ່ອີກ ປີ ໜຶ່ງ
hian, khɔj sī hian tɔɔ iik pii nyŋ
히안 코이 시 히안 또 익 능
예, 일년 더 하겠습니다.

ຫຼັງຈາກ ນັ້ນ, ເຈົ້າ ຊິ ເມືອ ບ້ານ ບໍ່ ?
laŋcaak nan, caw sī mya baan?
그리고 나서 집으로 돌아 갈 것입니까?

ບໍ່ ຂ້ອຍ ຊິ ເຮັດ ວຽກຢູ່ ນີ້ ກ່ອນ
bɔɔ, khɔj sī het wiak juu nii kɔɔn
보 코이 시 햇 위악 유니 콘
아니요. 먼저 여기서 일할 것입니다.

ຊື້ ໝາກ ໂມ ແດ່ແ ນວ ໃດ ຫວານ ?
syy maak moo dɛɛ nɛɛw daj waan
스 막 모 데 네우 네오 다이 완
수박을 사고 싶습니다. 어느 것이 답니까?

ແນວ ຍາວ ໆຫາ ວານ ກວ່າ ເອົາ ຈັກ ໜ່ວຍ
nɛɛw ñaaw ñaaw waan kua aw cak nuaj
네우 냐우 완 쿠와 나우 짝 누아이
긴 것이 더 답니다. 몇 개나 드릴까요?

ເຈົ້າ ອ່ານ ປຶ້ມ ຫົວ ນີ້ ແລ້ວງ ບໍ່ ?
caw aan pym hua nii lɛɛw bɔɔ
짜우 안 쁨 후아 니 라우 보
이 책을 다 읽었습니까?

ຍັງ ຂ້ອຍ ຫາ ກໍ່ ເລີ່ມ ອ່ານ
ມື້ວານນີ້
ñaŋ, khɔj haa kɔɔ ləəm aan myy waan nii
냥 코이 하 코이 럼 안 므완니
아니요 아직, 나는 어제부터 겨우 읽기 시작했습니다.

ຂ້ອຍ ໄດ້ ຍິນ ວ່າ ມັນ ສັກ ຫາຍ ແມ່ນບໍ?
ເຈົ້າ ຄິດ ຈັ່ງ ໃດ ?

khɔj dajñin waa man khak laaj,
caw khyt caŋdaj
코이 다이닌 와 만 칵 라이 짜우 끗 짱 다이
나는 아주 좋다고 생각해요. 당신은요?

ຂ້ອຍ ຄິດ ວ່າ ຄື ຊິ ແມ່ນ ຄັກ ຢູ່ ?
khɔj khyt waa khyy sī khak juu
코이 끗 와 크 시 칵 유
그건 아주 좋다고 생각해요

*** 단어 익히기 ***

읽다 read	ອ່ານ	aan
듣다 hear	ໄດ້ ຍິນ	daj ñin
오직 only	ຫາ ກໍ່	haa kɔɔ
보다 to see	ເຫັນ	hen
좋은 superb	ຄັກ	khak
만약 if	ຄັນ	khan
그러면 in that case	ຄັນຊັ້ນ	khan san
쓰다 to write	ຂຽນ	khian
뾰족한 sharp	ຄົມ	khom
약간 a little bit	ໜ້ອຍໜື່ງ	nɔɔj nyŋ
조금 very little	ໜ້ອຍ ດຽວ	nɔɔj diaw

가르치다 teach	ສອນ	sɔɔn
모두 all	ທັງ	thaŋ
계속하다 continue	ຕໍ່	tɔɔ
다음 next	ຕໍ່ ໄປ	tɔɔ paj
나머지 left	ເຫຼືອ	lya
그것 it	ມັນ	man
칼 knife	ມີດ	mit
모두 all	ໝົດ, ທັງໝົດ	mot, thaŋ mot
마치다 finished	ໝົດ ແລ້ວ	mot lɛɛw
친구 friend	ໝູ່	muu
방금 just now	ມື້ກີ້ນີ້	myy kii nii

화려한 몽족의상

제26과 : 허락하기

ເດັກ ນ້ອຍ ໄປ ເບິ່ງ ລະຄອນ ໄດ້ບໍ ?
dék nòɔj pǎj bēŋ la khóɔn dàj bɔ̌ɔ

아이들은 연극을 보러 갈 수 있나요?

ວັນເສົາ ໄປ ໄດ້ ມື້ນີ້, ບໍ່ໃຫ້ ໄປ,
wán sǎw pǎj dàj, mỳy nìɪ, bōɔ hāj pǎj,

ເພາະວ່າ ມື້ອື່ນ ຕ້ອງ ໄປ ໂຮງຮຽນ
phɔ̄ wāa mỳy ȳyn tòɔŋ pǎj hóoŋhían

토요일에는 갈 수 있어요.
왜냐하면 내일은 학교 가야해요.

ຂ້ອຍ ຄື ຊິ ໄດ້ ເມືອ ບ້ານ ເດືອນ ໜ້າ
khôj khýy sī dàj mýa baan dỳan nâa

나는 아마 다음달에 집으로 돌아가야해요.

ຢູ່ ຊ່າ, ຢ່າ ຟ້າວ ເມືອ
jūu sǎa, jāa fàaw mýa

가지 마요. 나를 두고 가지 마요.

ບໍ່ ແມ່ນ ຂ້ອຍ ໄປ ແລ້ວ ພວກ ເຈົ້າ ຊິ ລືມ ວ່າ
bōō mɛ̄ɛn khôj pǎj lɛ̀ɛw phùak càw sī lýym wǎa

내가 떠나가면 곧 잊을거야?

ບໍ່ ລືມ ດອກ, ຄິດ ຮອດ ເຈົ້າ ຫຼາຍ
bōō lýym dôok, khȳt hòot càw lǎaj

잊지 않을 거야. 보내기 섭섭해요.

ຢ່າ ຊູ ໄປ ຫຼິ້ນ ດົນ ຫຼາຍ
jāa sūu pǎj lîn dǒn lǎaj

오래 머물지 마! 너무 늦었어.

ເປັນ ຫຍັງ
pěn ñǎŋ

왜요?

ມື້ອື່ນ ຕ້ອງ ຕື່ນ ແຕ່ ເຊົ້າ, ໄປ ຕັກບາດ
mỳy ȳyn, tòoŋ tȳyn tɛ̄ɛ sàw, pǎj ták bâat

내일 우리는 일찍 일어나서 탁밧해야 되요.

*** 단어 익히기 ***

밧 monks' bowl	ບາດ	bâat
탁밧 offer alms to the monks	ຕັກບາດ	ták bâat
ok ?	ເດີ້	dèə
불 fire	ໄຟ	fáj
깨다 break	ຫັກ	hák
~아니다 don't	ຢ່າ	jāa
아직 don't yet	ຢ່າຟ້າວ	jāa fàaw
가지마라 don't go ...	ຢ່າສູ	jāa sūu
깨물다 bite	ກັດ	kát
부족 lacking, torn	ຂາດ	khâat
그리워하다 miss, think	ຄິດຮອດ	khīt hòɔt
뒤집다 capsize	ຂວ້ມ	khûam
연극 play, drama	ລະຄອນ	la khɔ́ɔn
알다 beware	ລະວັງ	la wáŋ
잊다 forget	ລືມ	lýym
타다 burn	ໄໝ້	mâj
넉넉한 sufficient	ພຽງພໍ	phíaŋ phɔ́ɔ

충분한 enough	ພໍ	phɔ́ɔ
앞서 go ahead and	ສາ, ສະ	sáa, sá
사용하다 use	ໃສ່	sàj
부딪치다 bump	ຕຳ	tăm
충돌하다 collide	ຕຳກັນ	tăm kăn
새벽 early morning	ແຕ່ເຊົ້າ	tɛ̄ɛ sàw
부서지다 shatter	ແຕກ	tɛ̂ɛk
원하다 want, need	ຕ້ອງການ	tɔ̀ɔŋ kăan

산길을 가는 시외버스

제27과 : 주문부탁하기

ເຮົາ ຊິ ສັ່ງຫຍັງ
háw sī sāŋ ñǎŋ

무얼 주문할까요?

ໃຫ້ ເຈົ້າ ສັ່ງ, ຂ້າ ຂ້ອຍບໍ່ ສ້າງ
ຊິ ສັ່ງ ປານ ໃດ
hâj càw sāŋ sǎa, khôj bōɔ sāaŋ sī sāŋ pāan dǎj

당신이 주문하세요. 저는 잘 몰라요

ຄັນຊັ້ນ, ເອົາແກງ, ຂົ້ວ
ຊີ້ນ ໃສ່ຜັກ ກັບປີ້ງໄກ່ເນາະ
khán sàn, ǎwkěɛŋ, khûa sìɪn
sāj phák káp pìɪŋ kāj nō

그럼 수프, 고기 야채볶음, 통닭 좋겠어요?

ເຈົ້າມາ, ພໍດີເຮົາ ກຳລັງ ສີກິນເຂົ້າ
càw maá, phóɔ
dǐɪ háw kǎmláŋ sī kǐn khâw.

당신이 오는 대로 앉아서 먹겠습니다.

ເຊີນ ຕາມ ສະບາຍ ຂ້ອຍ ອີ່ມ
ແລ້ວ ຂອຍ ຊາ ກໍ່ ກິນ ເຂົ້າ ມື້ອ ກີ້ນີ້
séən tăam sabăaj, khôj īım lɛ̀ɛw,
khôj hăa kɔ̄ɔ kĭn khâw mỳy kìı nìı

이제 그만 됐어요. 그만 먹을께요.

ລະວີວັນ ຊິ ມາຄົວກິນຈັກໂມງ
lawíıwán sī máa khûa kĭn cák móoŋ

라비반이 요리하러 오는 시간이 몇시지요?

ກຳລັງ ເຮັດ ແລ້ວ ເດ້
kămláŋ hēt la dě̌e

그녀는 벌써 요리하고 있어.

ລາງ ເທື່ອ ລາວ ອາດຈະ ຕ້ອງການ ໃຫ້ ເຮົາ ຂ້ອຍ
láaŋ thȳa, láaw âat cá tɔ̀ɔŋkăan hâj háw sɔ̄ɔj

아마 그녀는 우리가 도와주기를 바랄거예요.

*** 단어 익히기 ***

아마 may, might	ອາດຈະ	âat cá
접시 dish	ຈານ	cǎan
국수 kind of noodles	ເຝີ	fǎə
배부르다 full eating	ອິ່ມ	īɪm
배고프다 hungry	ຢາກເຂົ້າ	jâak khâw
목마르다 thirsty	ຢາກນ້ຳ	jâak nàm
도중에 in the act of	ກຳລັງ	kǎmláŋ
국물 soup	ແກງ	kěɛŋ
새우 shrimp	ກຸ້ງ	kùŋ
볶음 stir fry	ຂົ້ວ	khûa
식사준비 prepare food	ຄົວກິນ	khúa kǐn
위해서 for	ສຳລັບ	sǎmlāp
숙달된 adept at	ຊາງ	sāaŋ
주문하다 to order	ສັ່ງ	sāŋ
고기 flesh, meat	ຊີ້ນ	sìɪn
돼지고기 pork	ຊີ້ນໝູ	sìɪn mǔu
쇠고기 beef	ຊີ້ນງົວ	sìɪn ŋúa
끓이다. boil	ຕົ້ມ	tòm
대접그릇 bowl	ຖ້ວຍ	thûaj

가끔 sometimes, maybe	ລາງເທື່ອ	láaŋ thȳa
방금 just now	ເມື່ອກີ້ນີ້	mȳa kìı nìı
채소 vegetable	ຜັກ	phák
특별 special	ພິເສດ	phī sêet
따라서 therefore	ເພາະສະນັ້ນ	phɔ̄ sa nàn
바로 just right, just then	ພໍດີ	phɔ́ɔ dǐı
굽다 to broil	ປີ້ງ	pìıŋ

소수민족 축제

제28과 : 시간 맞추기

ຂ້ອຍ ຟ້າວ, ເກືອບ ບໍ່ ທັນ
khôj fàaw, kŷap bōɔ thán

서둘러요. 늦었어요.

ຕື່ນ ສວາຍ ວ່າ
tȳyn sǔaj wǎa

뭐라고? 늦게 일어났어요?

ແມ່ນ ແລ້ວ, ຄືນ ນີ້ ໄປ ຫຼິ້ນ ເດິກ ຫຼາຍ
mɛɛn lɛ̀ɛw, khýyn nìɪ pǎj lîn dék lǎaj

그래요. 나는 어제 늦게 잤어요.

ເຮົາ ຊິ ໄປ ຂຶ້ນ ພູ ໄປ ທ່ຽວ
háw sī pǎj khŷn phúu pǎj thīaw

우리는 산에 올라 구경하기로 해요.

ໄປ ມົດ ສູ ຄົນ ບໍ ?
pǎj mót sūu khón bɔ̌ɔ

- 145 -

모두 다 갑니까?
ໄປ ໝົດ ຊູ ຄົນ ນອກ ຈາກ ອ້າຍ ວັນ ໄຊ
ລາວ ຊີ ຢູ່ເຝົ້າ ເຮືອນ
pǎj mót sūu khón nɔ̀ɔk câak àaj wánsáj;
láaw sī jūu fâw hýan

반사이 외에는 모두 가요. 그는 집을 봐야 해요.

ຂີ່ ລົດ ຂື້ນ ໄປ ບໍ່ ?
khīı lōt khŷn pǎj bɔ̌ɔ

차로 올라갑니까?

ບໍ່ ໄດ້, ນອກຈາກ ເຈົ້າ
ມີ ລົດ ຈີບ ທາງ ຍາກ ຫຼາຍ
bɔ̄ɔ dàj, nɔ̀ɔkcâak càw míı lōt cīıp;
tháaŋ ñàak lǎaj

아니요. 찝차가 아니면 못 올라가요.

코끼리 축제 - 사냐부리 주

*** 단어 익히기 ***

한밤중 late night	ເດິກ	dék
외에 except, unless	ນອກເດິກ	nɔ̀ɔkcâak
서둘다 rush	ຟ້າວ	fàaw
듣다 listen	ຟັງ	fáŋ
지키다 guard	ເຝົ້າ	fâw
들판 field (dry)	ໄຮ່	hāj
농사짓다 farm	ເຮັດໄຮ່	hēt hāj
논 paddy	ນາ	náa
농사하다 grow rice	ເຮັດນາ	hēt náa
노래하다 sing	ຮ້ອງເພັງ	hɔ̀ɔŋ phéŋ
노래 song	ເພັງ	phéŋ
열 fever	ໄຂ້	khâj
열이 나다 fever	ເປັນໄຂ້	pěn khâj
거의 almost	ເກືອບ	kŷap
지프차 jeep	ລົດຈິບ	lōt cīp
헤엄치다 swim	ລອຍນ້ຳ	lɔ́ɔj nàm
어지러운 dizzy	ເມົາ	máw

배멀미 seasick	ເມົາເຮືອ	máw hýa
술취한 drunk	ເມົາເຫຼົ້າ	máw lâw
차멀미 carsick	ເມົາລົດ	máw lōt
총 쏘다 shoot	ຍິງປືນ	ñíŋ pỹyn
총 gun	ປືນ	pỹyn
산 mountain	ພູ	phúu
채소 심다. plant vegetables	ປູກຜັກ	pûuk phák
재배하다 to plant	ປູກ	pûuk
정원 garden	ສວນ	sǔan
다른 different, other	ຕ່າງ	tāaŋ
외국 foreign country	ຕ່າງປະເທດ	tāaŋ pathèet
나라 country	ປະເທດ	pa thèet
늦잠 wake up late	ຕື່ນສວາຍ	tȳyn sǔaj
병들다 sick,	ຫວັດ	wát
감기 들다 have a cold	ເປັນຫວັດ	pĕn wát

제29과 : 감사와 유감

ຂອບໃຈ ເຈົ້າ ຫຼາຍ ທີ່ເອົາ ໜັງສື ມາໃຫ້
콥자이 짜우 라이 티아 냥스 마하이

이 편지를 전달해 주어서 감사합니다.

ບໍ່ເປັນຫຍັງ,
보뺀냥
ຂ້ອຍດີໃຈ ທີ່ໄດ້ເອົາມາ ໃຫ້
코이 디 짜이 티 다이 아우 마 하이

괜찮아요. 가져다 드리게 되어 기쁩니다.

ພວກເຮົາ ຊິ ຈັດ ກິນ ລ້ຽງ
푹악 하우 시 짣 낀 랑
ສົ່ງ ທ້າວ ຈັນທະວົງ ຢາກ ເຊີນ ພວກເຈົ້າ ໝົດ ຊູ່ ຄົນ
송 아이 찬타봉 약 선 푹악 짜우 못 수 콘

우리는 찬타봉을 위해서 송별파티를 할 겁니다.
여러분 모두를 초청합니다.

ຂອບໃຈ, ແຕ່ ພໍ່ເຖົ້າ, ແມ່ເຖົ້າ ກໍ ຊິ ຢູ່ ບ້ານ ເບິ່ງ ເດັກ ນ້ອຍ
콥짜이 때 포타우 메타우 크 시유반 방 댁노이

고맙지만, 장인과 장모님은 아이를 돌보러

ຂອຍ ຢ້ານວ່າ ຊິ ບໍ່ໄດ້ ໄປ ຫາ ພໍ່ແມ່ ເຈົ້າ
코이 얀와 시 보다이 빠이 하 포메 짜우

당신 부모님을 만날 수 없어서 미안합니다.

ເພິ່ນ ຊິ ເສຍ ໃຈ ຫຼາຍ ຄັນ ເຈົ້າ ບໍ່ໄດ້ ໄປ ຢາມ
편 시 시아 짜이 라이 칸 짜우 보 다이 빠이 냠

가서 뵙지 않으면 섭섭할 것입니다.

*** 단어 익히기 ***

| 주선하다 to arrange | ຈັດ | càt |
| 관리자 manager | ຜູ້ ຈັດ ການ | phûu cát kǎan |

행복 happy	ດີໃຈ	dǐɪ cǎj
두렵다 to fear	ย้าน	jàan
파티 party	ກິນ ລ້ຽງ	kǐn lìaŋ
송별회 farewell party	ກິນ ລ້ຽງ ສົ່ງ	kǐn lìaŋ sōŋ
천천히 slow, deliberate	ຄ່ອຍ	khɔ̄j
천천히 slowly	ຄ່ອຍໆ	khɔ̄j khɔ̄j
할머니 grandmother	ແມ່ ຍ່າ	mɛ̄ɛ ñāa
장모 mother in law	ແມ່ ເຖົ້າ	mɛ̄ɛ thâw
외할머니 grandmother on female side	ແມ່ ຕູ້	mɛ̄ɛ tùu
확실히 sure	ແນ່ ໃຈ	nɛ̄ɛ cǎj
젊은 young	ຫນຸ່ມ	nūm
할아버지 grandfather on male side	ພໍ່ປູ່	phɔ̄ɔ pūu
장인 father in law	ພໍ່ ເຖົ້າ	phɔ̄ɔ thâw
외할아버 grandfather on female side	ພໍ່ ຕູ້	phɔ̄ɔ tùu
미안 sorry	ເສຍ ໃຈ	sǐa cǎj
노인 old in age	ເຖົ້າ	thâw
그것 that, who, which	ທີ່	thīɪ

제30과 : 초대와 송별

ມື້ ຄ່ຳນີ້ ຂ້ອຍ ຢາກ ເຊີນ ເຈົ້າ ມາ ຫຼິ້ນ ຢູ່ ບ້ານ ຂ້ອຍ
므으 캄니 코이 약 썬 짜우 마 닌 유 반 코이

오늘 저녁에 당신을 집으로 초대하겠습니다.

ຂ້ອຍ ເສຍ ໃຈ ຫຼາຍ ມາ ບໍ່ໄດ້ ຂ້ອຍ ມີ ນັດ ແລ້ວ
코이 시아 짜이 라이 마 보다이 코이 미 낙 레우

죄송하지만 이미 약속이 있습니다.

ສັນ ນະ, ເອົາ ໄວ້ ເທື່ອ ໜ້າ ເນາະ
san na aw waj thya naa nɔ
산 냐 아우 와이 트아 나아 노

그러면 다음에 시간을 잡읍시다.
Then, let's do it another time, all right ?

ຈັກ ໂມງ ແລ້ວ
cák móoŋ lɛ̀ɛw
짝 몽 레우

몇 시입니까?

ສິບ ເອັດ ໂມງ ຍັງ ຊາວ
십엣 몽 낭 싸우

11시 20분 전입니다.

ເຮົາ ຄວນ ໄປ ດຽວ ນີ້
하우 쿠안 빠이 디아우 니

우리는 가야 합니다.

ແມ່ນ, ບໍ່ ດັ່ງ ນັ້ນ ເຮົາ ບໍ່
ທັນ ລົດ
맨 보 당 난 하우 보 탄롯

그래요. 안 그러면 차를 놓칠 겁니다.

ລູກ ນ້ອຍ ຂ້ອຍ ໃຫ້ ຫຼາຍ
룩노이 코이 하이 라

아이가 매우 웁니다.

ເຈົ້າ ຮູ້ບໍ່ ວ່າ ລາວ ເປັນ ຫຍັງ
짜우 후보 와 라우 뺀 냥?

왜 그런지 알겠습니까?

ຂ້ອຍ ບໍ່ ຮູ້ ດັ່ງ ນັ້ນ ຈິ່ງ ມາ ຫາ ທ່ານ
코 이 보 후 당 난 쯩 마 하 탄

나는 모르겠어요. 그래서 당신을 보고자 합니다.

*** 단어 익히기 ***

카드 card	ບັດ	bat
초대 invitation	ບັດເຊີນ	bat səən
예약하다 reserve	ຈອງ	cɔɔŋ
기억하다 remember	ຈື່	cyy
따라서 therefore	ດັ່ງນັ້ນ	daŋ nan
아니면 otherwise	ບໍ່ດັ່ງນັ້ນ	bɔɔ daŋ nan
울다 cry	ໄຫ້	haj
열쇠 key	ກະແຈ	kacɛ̌ɛ
잠그다 lock	ໃສ່ກະແຈ	saj kacɛ̌ɛ
수집하다 collect	ເກັບ	kep
저녁 evening	ຄ່ຳ	kham

그러면 then	ນະ	na
날을 잡다 make a date	ນັດ	nat
숫자 number	ນຳເບີ	nam bəə
여권 passport	ປັດສະປໍ	pad sa pɔɔ
운전면허 driving license	ໃບຂັບຂີ່	baj khap khii
티켓 표 ticket	ປີ້	pii
자리예약 reserve a seat	ຈອງປີ້	cɔɔŋ pii
전화 telephone	ໂທລະສັບ	thoo la sap
기다리다 wait	ຖ້າ	thaa
두다 place	ທິມ	thim
편지보내다 send a letter with	ຝາກ ຈົດໝາຍ	faak cot maaj
신분증 identity card	ບັດ ປະຈຳຕົວ	bat pa cam tua
보관하다 keep	ໄວ້	waj
비자 visa	ວິຊາ	wisaa

IV. 라오스 관광

1. 월별 축제

1월
○ **몽족 새해 축제**
· 일정 : **12월 중순부터 1월 중순**
· 장소 : **라오스 전역 몽족 거주지**

12월 중순에서 한 달간 계속되는 몽족 신년축제인데 화려한 옷을 입은 남녀노소 모두 들판에 나와 춤을 추기도 한다. 서로 상대에게 공을 던져 주고받으며, 이야기를 나누고 사교를 행한다.

어른들은 자녀들이 결혼할 수 있도록 좋은 옷과 화장을 해서 동네 아이들과 어울려 놀기를 장려한다. 이때는 각자 집에서 수놓은 민속품을 팔기도 한다.

지방마다 몽족 집에서 직접 베틀로 짠 비단 옷을 입고 악기연주, 무용공연을 한다. 동네 전통놀이로서는 공던지기, 새총놀이, 팽이치기, 소싸움, 실뜨기, 널뛰기, 사방치기, 자치기 등 한국 전통 놀이와 같은 것이 많다.

2월
○ **왓푸 축제**
· 일정 : **2월 16일**(라오스 달력에 따라 해마다 변동됨)
· 장소 : **참파삭주**

음력달력의 세 번째 보름달이 뜨는 시기에 참파삭주의 앙코르 같은 왓푸 사원의 유적을 기리기 위해 열린다. 코끼리 경주, 물소싸움, 닭싸움, 전통음악과 무용이 공연된다. 이때는 상품박람회도 함께 열려 베트남, 태국, 캄보디아, 라오스의 상품이 매매된다.

○ 시코타봉 축제
· 일정 : **2월 18일**
· 장소 : **캄무안 주**

타켁 남쪽에서 8km에 위치한 거대한 시코타봉 불탑에서 열린다. 불탑은 9~10세기에 난타세 왕이 건설하였다.

3월
○ **분 카운 카오** (쌀 축제)
· 일정 : **추수기**
· 장소 : **사반나켓 주**

송콘지역에서 열리는 추수 축제이다.(바씨 의식이 거행된다.)

4월
○ **삐마이**(라오스 새해)
· 일정 : **4월 14~16일**
· 장소 : **전국 사원**

부처님 탄생일과 비슷한 시기에 전국에서 열리는 축제이다. 불상을 꺼내 제단에 모시고 물을 뿌리고 씻긴다. 시민들은 불상에 뿌린 **향수물을 모아 친구와 친척들에게 뿌린다**. 지나가는 사람들에게도 물을 뿌리며 전국의 모든 거리가 삐마이(새해)축제로 붐빈다.

5월
○ **분방화이**
· 일정 : **5월 중순**
· 장소 : **비엔티엔 남부지역**

분방화이

농경사회에 비를 내려달라는 **기우제**에서 유래하였다. 봄철에 하늘에서 비가 내리기를 기원하며, 우기가 시작될 때 열린다.

많은 사람들은 자기가 만든 갖가지 모양의 **로켓을 자랑하며 발사대에서 쏘아** 올린다. 긴 대나무 장대에 화약을 넣고 큰 폭죽 로켓을 쏘아 올리는 축제는 5월 15일에 열린다.

로켓축제에서 캔 악기를 부는 남자

분방화이(噴放火) 축제 기간에 대나무 형 로켓을 쏘아올리고 행진을 한다. 라오스 맥주는 맛이 좋기로 세계적으로 유명하며, 미국에도 여러 곳에 판매점이 개설되어 있다.

○ **분 비사카우차**
· 일정 : **5월 17일**

· 장소 : **전국 불교사원**

불교(음력)달력으로 여섯 번째 보름달이 뜰 때 거행된다. 촛불행렬이 사원에서 이어진다.

6월
○ 세계 어린이날 & 라오스 어린이날
· 일정 : **6월 1일**
· 장소 : **전국**

7월
○ **아사라하부차(Boun Asalahboucha)**
불교의 하안거와 비슷한 것으로로 승려들은 3개월간 명상과 기도생활로 들어간다. 8번째 보름달에 시작된다. 이 시기에 일반인들도 음주가무를 삼간다.

9월
○ **분 카오 살락**
· 일정 : **9월 12일**
· 장소 : **전국**
돌아가신 조상님께 복을 빌고 제사를 올리는 축제다. 긴 배를 저어가는 보트레이스가 있다. 음력으로 10번째 보름에 거행된다.
   ○ **보트 레이스**
· 일정 : **9월 12일**
· 장소 : **캄무안 주**

세방파이 강에서 개최되며 전통음악, 무용이 펼쳐진다.

보트 레이스

10월
○ **나가 로켓 축제**
- 일정 : 10월 12일
- 장소 : 보리캄사이 주

불교사순절의 마지막 밤, 메콩강물에서 떠오르는 불꽃을 볼 수 있다. 비엔티안 60km 동쪽 빡움 지역에서도 볼 수 있다.

○ **분억 판사와 보트레이스**
- 일정 : 10월 12~13일
- 장소 : 메콩강변.

석달 간의 금식기도가 끝나면서 축제를 벌이며, 새벽에 사원에서 봉헌이 있고 저녁이면 촛불의식으로 장식된 수 백개의 작은 배를 메콩강에 띄우는 장관이 펼쳐진다.

이튿날은 보트 레이스가 시작된다. 비엔티안, 사반나켓, 참파삭 등 메콩강에서 동시에 열린다.

11월
○ **탓루앙 축제**
· 일정   11월 10일
· 장소   비엔티안의 탓루앙 사원

탑 주변에서 열리며, 밤이면 불꽃놀이로 온 시가가 인산인해로 북적인다. 낮에는 국제박람회가 열린다.

탓루앙 축제

12월
○ **라오스 독립기념일**
· 일정 : 12월 2일
라오스 국가의 건국기념일이다. 국가적 행사가 거행된다.

2. 라오스 전국 관광코스

라오스의 관광지는 중부, 북부, 남부로 크게 3지역으로 나눌 수 있다.

가. 중부지역

(1) 비엔티엔

비엔티엔은 라오스의 수도로서 메콩강을 끼고 태국과 국경을 마주한 곳이다. 왓따이 국제공항에서는 한국의 5개 항공사를 위시하여 매일 세계 각국에서 들어오는 관광객으로 시내가 붐빈다.

빠투사이 - 독립문

세타티랏 건국왕 - 탓투앙 왕궁사원

대통령궁, 빠투사이(독립문), 탓루앙(왕궁사원) 등 많은 사원들과 유적지로 유명하다. 구 시가지, 메콩강변의 야경이 방문객의 마음을 평화롭게 해준다.

부영 골프장(시게임)과 락혹(9홀), 라오컨트리(19홀), 빅토리(태국 농카이 18홀), 댄사반 카지노(18홀) 등의 골프장이 있다. 골프 연습장으로서는 동댕, 아이텍, 페밀리 등이 있다.

비엔티엔에서 70km 북쪽에는 댄사반이라는 휴양호수가 있으며, 카지노 시설도 관광객에게 개방되어 있다. 이곳은 중죄수들을 격리하는 호수 감옥으로 유명하다.

(2) 방비앙 지역

비엔티엔에서 북쪽으로 130Km 가면 중국의 계림과 같은 지역으로 산세가 그림같이 아름답다. 더운 날씨에 강물에 뛰어드는 불루라군, 카약킹, 동굴탐험 등 레저 휴양지는 세계적으로 유명하다. 많은 한국인을 포함하여 관광객들로 붐빈다.

나. 북부지역

(1) 루앙프라방 주

란상(Lanxang) 왕국의 수도였던 루앙프라방은 세계 최고 관광지 중의 하나다. 도시 전체가 유네스코 세계문화유산으로 지정되어 전통문화 보존에 힘쓰고 있다. 항공편도 비앤티엔에서 매일 운항된다. 서울에서 직항로도 있다.

왓 시앙통 사원, 왓마이 사원, 팍오 동굴, 왕궁사원, 왕궁 박물관 등 감동이 있는 곳이다. 고색창연한 사원들이 즐비하고 왕궁이 아름다우며, 궁중무용은 저녁 6시 30분부터 궁중극장에서 공연된다.

특히 새벽 스님들의 탁발 장면과 궁중무용, 야시장, 전통닥종이 공방은 꼭 보아야 할 세계의 유명한 관광거리다.

왕궁사원 보좌 - 루앙프라방

탁밧 - 루앙프라방

메콩강 팍오 동굴의 수정부처

광시 폭포

광시폭포는 태고적부터 형성된 석회 자연호수로 에메랄드빛 호수계단이 탄성을 자아낸다. 아래쪽에는 공개적으로 허용된 노천수영장이 있다.

(2) 생쾅주
  비엔티엔 북동쪽 350km 지점에 있는 폰사반은 생쾅주(폰사반)의 주도이며, 비엔티엔에서 매일 비행기가 운항된다.

  생쾅주에는 몇 천 년 전에 만든 돌 항아리 수백 개가 고원지대에 흩어져 있는 돌단지평원(Plain of jar)으로 유명하다. 가공기술과 용도는 아직 미상이다.

폰사반의 노천온천 (폰사반에서 20km)은 태국공주의 휴양지로 유명하다

라오스 역사에서 가장 의미있는 지역이며 노천온천과 골프장이 있다. 1775년 까지 베트남 전쟁의 영향으로 미군의 폭격을 가장 많이 받은 피해지역이기도 하다.

열대 야생화

(3) 후아판 주
북부지역의 후아판주 주도 삼느아는 비단생산이 세계적으로 유명하다. 생쾅주와 후아판주는 베트남과 국경을 접하고 있어 전쟁의 피해가 많았다.
베트남과 국경지역의 호치민 루트를 사용하는 바람에 미군으로부터 가장 많은 폭격을 당하였다.

전쟁으로 인한 피해와 그 대가로 현재 라오스의 집권당인 공산당은 주로 이 지역을 근거지로 권력을 잡고 활동하였다.

이 지역에서 미군에 협조하였던 많은 몽족들은 미국으로 10만여 명이 피난하였고, 미국 캘라포니아 주 센크라멘토 지역은 특히, 몽족들이 많이 거주하고 있다.

교통이 불편하여 교육과 문화시설이 낙후되었다. 이 지역이 라오스의 고대문명 발상지이며, 중국의 십송파나, 베트남의 디엔비엔푸 지역과 함께 소수민족들이 가장 많이 분포하는 지역이다.

다. 남부지역

아타포주에는 시판돈(4천개의 섬)이라는 메콩강 하류의 유명한 폭포가 있다. 주변 마을의 경치도 좋아 꼭 가보고 싶은 곳이다. 메콩강은 여기에서 폭포로 물길이 막혀 태국·베트남·캄보디아와 뱃길이 이어지지 못한다.

남부지역은 교통이 불편하여 수도 비엔티엔에서 남쪽으로 비행기로 약 1시간을 가거나 차로 14시간을 가야 도착할 수 있는 곳이다.

남부 참파삭(Champasak) 주의 주도 팍세는 고무나무와 커피로 유명하며, 베트남과 태국으로 통하는 국경 도로가 있다. 이곳에서 1시간 가량 남쪽으로 가면 앙코르왓의 원조라고 할 수 있는 왓푸사원이 있다.

시판돈 - 4천개의 섬

왓푸(Wat Phou) 사원 유적지

 왓푸 사원은 앙코르왓보다 300년 먼저 세워진 원조로 규모도 거의 같거나 크다.

V. 실용 단어장

1. 분류별 단어

Ⓐ 가족 (컵쿠아)

사람	콘, 마눗	부모	퍼매	아들	룩싸이
딸	룩싸우	신랑	짜오바우	신부	짜오사우
친구	프안(무)	형제 자매	아이 으아이 넝.		
형·오빠	아이	언니·누나	으아이	동생	넝
남동생	넝싸이	여동생	넝싸우	조카	란

시아버지	퍼푸와	시어머니	메푸와	장인	퍼타오
장모	매타오	남편	푸와	아내	미야
처녀	냥싸우	총각	푸바우		

할아버지	뚜뿌	할머니	뚜냐	손자	란싸이
애인	쿠학	사위	룩커이	며느리	룩파이
매형	아이커이				

Ⓑ 색깔: 시

빨간색	시댕	검정	담		카우
노랑	르왕	연두	키야우	파랑색	탈레
오렌지색	남막끼양	분홍색	부와	보라색	무왕

회색　　타오　　　　주황 쏨　　　　　금색 캄

ⓒ 달력

일요일 완아팃　　　　월요일 (완)짠　　　　화요일 완칸
수요일 완푿　　　　　목요일 완파핟　　　　금요일 완쑥
토요일 완사오　　　　일요일(날) 완　　　　주일　아틷
금주　아틷니　　　　다음주 아팃나　　　　다음 떠빠이
년(해)　삐　　　　　금년 삐니　　　　　　작년 삐까이
새해　삐마이　　　　 내년 삐나　　　　　　지금 디아우니

월　드언
1월　망껀　　　　　　2월 꿈파　　　　　　　3월 미나
4월　메싸　　　　　　5월 풋사피　　　　　　6월 미투나
7월　꺼라꼳　　　　　8월 씰하　　　　　　　9월 깐냐
10월 똘라　　　　　　11월 파찍　　　　　　 12월 탄와

계절 라두
봄　라두 반마이　　　 여름 헌　　　　　　　가을 바이마이론
겨울 나우　　　　　　 건기 라두 랭　　　　　우기 라두 폰

ⓓ 형용사

가까이　까이 ໃກ້　　　멀리 까아이 ໄກ　　　안다 다이 ໄດ້
모른다　보다이 ບໍ່ໄດ້　 자주 라이 ເລື່ອຍໆ　늦다 든 ດົນ
예쁘다　얌 ງາມ　　　　낮다 룸　　　　　　　비싸다 팽 ແພງ
싸다　　특　　　　　　 뜨거운 르 ຮ້ອນ　　　 차거운 옌 ເຢັນ
크다　　냐이 ໃຫ່　　　작다 노이 ໜ້ອຍ　　　높다 숭 ສູງ
붉은 것 팓 ຜັດ　　　　 많다 라이 ຫຼາຍ　　　 적다 로이

똑똑한	깽 ສະຫຼາດ	천천히	사아사아 ຊ້າ	빠른	와이
배부르다	임 ອິ່ມ	월	드안 ເດືອນ	주일	아팃 ອາທິດ
맵다	팯 ເຜັດ	말하자면	와 ວ່າ		

Ⓔ 물건

가방	까빠오 ແຖວກະສອບ		
경제	쎈타낃 ນັດທະຍັດ		
계약	싼냐 ສັນຍາ	과일가게	한카이 막마이
관광버스	롯투와	기차	롯화이
담배	야숩 ຢາສູບ	대문	빠뚜 ປະຕູ
돈	은 ເງິນ	모자	무왁 ໝວກ	물건	안 ອັນ
물건	씬카	물	남 ນ້ຳ	반지	왠 ແຖວ
배	흐아 ພຸງ	버스	롯메 ລົດເມ	볼펜	빅 ບິກ
부르다	언 ເອີ້ນ	불	화이 ໄຟ		
사진	흡 ຮູບ	사진찍다	타이훕 ຖ່າຍຮູບ	타이	흡
상점	한카이 ຮ້ານຄ້າ	성냥	깝파이 ກັບໄຟ	세금	파씨 ພາສີ

- 177 -

수입	씬키 커카오	수출	씬키 커억	시계	몽 ໂມງ
실크	파마이	안경	왠 따 ແວ່ນຕາ	양복	쑨콘
영수증	바이합응언	오토바이	롯짝	우산	칸홍
의자	땅 ຕັ່ງ	이것	니이 ນີ້	이발소	한땃폼
전화	토라쌉	종이	찌야 ເຈັ້ຍ	지갑	까빠이 은ກະເປົາ ເງິນ
차(車)	롯	창문	뽕이얌 ປ່ອງຢ້ຽມ	책	폼 ປຶ້ມ
책상	또 ໂຕະ	치마	가뽕	칠	까단 ກະດານ
카메라	꽁타이훕 ກ້ອງຖ່າຍຮູບ			트럭	롯 반툭
팬티	살립	향수	남험	현금	으언 쏟
화장품	크앙 쌈앙	환전	삐얀응언	휘발유	남만 햇상

Ⓕ 동물

개	마	개미	몯	까마귀	까아
닭	까이	돼지	무	오리	뻰
말	마	모기	늉	물고기	빠
물소	쿠와이	뱀	웅우	벌	펑
사자	씽	새	녹	소	웅와
악어	캐오	조개	허이	쥐	누
코끼리	상	파리	맹완	호랑이	스아

Ⓖ 직업

직업	씹냥
간호사	낭파냐반 ນາງ ພະຍາບານ
경찰서	땀루앗 ຕຳລວດ
경찰	탄모
공무원	랏 타껀

교수	아짠	ອາຈານ
교육부	카수안 슥사띠깐	ກະຊວງ ສຶກສາ ທິການ
국회의원	싸미씩팍	ຜູ້ແທນລາດສະດອນ
군인	타한	ທະຫານ
농부	사우나	ຊາວນາ
대사	툿	ທູດ
대사관	사탄툿	ສະຖານທູດ
대학생	낙쓱싸	ນັກຮຽນ
사장	빠탄 보리삿	ຫົວໜ້າ ບໍລິສັດ
상인	퍼카 매키	ພໍ່ຄ້າ
선생	쿠손	ຄູສອນ
외교관	나칸툿	ນັກການທູດ
운전수	콘 캅롯	
음악가	낙돈띠	
의사	하모	ທ່ານໝໍ
일본	이쁜	ຍີ່ປຸ່ນ
자원봉사자	아사사막	ອາສາສະໝັກ
장관	카수앙	ກະຊວງໃ
정부	랏	ລັດ
정치가	낙깐므앙	ນັກການເມືອງ
호주	오사따리	ອິສຕາລີ

회사	보리삿	ບໍລິສັດ
회사원	낙투라낏	ພັກງຸລະກິດໃ
종업원	파낙안	ພະນັກງານ
코이카	코이카	ຂອຍກາ
학생	낙히안	ນັກຮຽນ
한국	까오리	ກາວລຍ
할 수 없다	보 다이 뻰	ບໍ່ໄດ້ເປັນ
할 수 있다	다이	ໄດ.
팔다	카이	ຂາຍ
여행하다	통티오	ທ່ອງທ່ຽວ
사다	쓰	
일하다	햇깐	ເຮັດ ການ

Ⓗ 식탁, 주방

국자	쩡	냄비	머
냄비	어쫀 뱁미담	조리	까붕
도마	키양	바구니	까띠
성냥	마이 킥 화이	숯	탄
숟가락	부왕	잔	투와이
포크	썽	젓가락	마이투
쟁반	파탇	주걱	까당
칼	밋	컵	쩍

Ⓘ 음식

고기	씬	고수채소	팍험, 팍시
고추장	남막팹	고춧가루	남빠 막펫볼
과일	마이	굽다	삥
김치	땀막홈	꿀	남평
달다	완 싱	닭고기	까이
데치다	루악	뜨거운	헌
마늘	후와까타얌	맵다	팹
무	후와팍깓	밀가루	삥카오찌
반찬	크앙낀	배추	팍 깓녀
버섯	헷	버터	너이
베트남국수	퍼	볶음밥	카오팟
삶은 계란	카이똠	새우	꿍
생선	빠	생선튀김	빠턷
설탕	남딴	소고기	웅와
소금	끄이	숟가락	부왕
술	라오	시다	쏨
싱겁다	짱	쌀국수	쎈 까오쁜
쓰다	콤	아침밥	아한싸오
야채샐러드	남싸랃	어묵	룩씬
얼음	남껀	옥수수	막씨리
우동	퍼 니쁜	우유	남놈
익히다	옵	저녁	캄
점심	티앙	젓가락	마이투
조개	허이	쥬스	남막
짜다	캠	차거운	옌

참기름	남만응아	튀김	턴까이
파	팍부와	호박	막으

비행기 기내식

① 학용품

공	막반	공책	쁨 키안
그림	훕팬 냐이	끈	쓰악
달력	빠띠턴	도끼	쿠와이
만년필	빡까씀	못	따뿌
바늘	켐	백묵	써카우
볼펜	빅	서류	에가싼
실	다이	연필	써당
잉크	믁	자	마이반탇
장남감	컴린	종이	찌야
지도	팬티	지우개	양릅
책	키안	총	쁜

칠판	까단		카메라	껑 타이흡
톱	르아이		풀	까우

ⓚ 인체

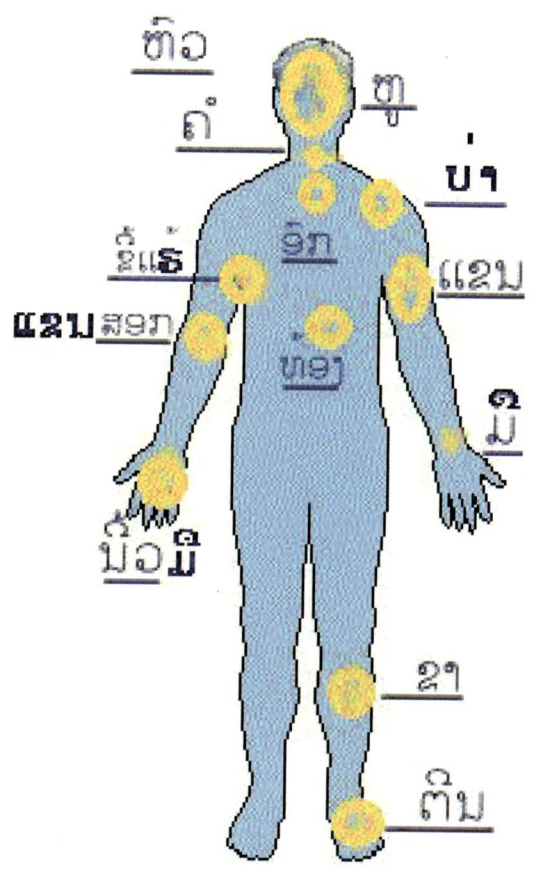

가슴	무악칸		간	땁
귀	후		뇌	싸멍
눈동자	두왕따		눈	따
눈물	남따		다리	쿠아
대변	아쭘		등	랑
머리카락	폼		머리	폼

목	커	발가락	니우딘
발	띤	배	텅
뺨	깸	**뼈**	까둑
소변	남냐우	손가락	니우므
손	므	신장	막카이랑
신체	항까이	심장	후와짜이
아프다	뿌와이 **쨉**	어깨	라이, 비

얼굴	나	엉덩이	꼰
위장	까퍼	유방	나억
이마	나팍	이빨	캐우
입	빡	입술	쏩
장	람싸이	코	당
턱	캉가따이	털	콘
팔	캔	폐	뻔
피	르앝	피부	피우낭
허리	애우	혀	린

ⓛ 병원회화 : 의료봉사원 회화

안녕하세요. 사바이디

나는	코이	당신은	짜우
의사	하모	간호사	냐파냐반
학생	낙히안	선생	쿠손

들어오세요.   썬썬
당신 이름은 무엇입니까?   짜오 스냥

어디가 아픕니까?   짜오 쨉냥
배가 아프다.   쨉텅(복통)
당신을 검사하겠습니다.   짜우 벙껀

머리가 아프고 열이 있습니다.   뿌왓 후와 래 뺀 카이

머리 후와   목 커   귀 후
건강 쑤카팝   열 카이   구토 학

걱정입니다   뺀 후왕
열(카이)이 높습니다   뺀카이 쑹(높다).
입을 벌리세요   아빡 멍

나는 기침이 조금 있다   코이 뺀 아이너이 능
감기입니다   짜오뺀 카이왓
염려하지 마세요   버 떵 뺀 후왕.

이 약을 드세요   낀 야 니
야(약)   니(이것)

- 185 -

어떻게 먹습니까?   야니 낀 내우다이?
식사 후, 한 번에 두 알 드세요. 낀 송멛 랑짝 아한
                     송멛(두 알)   랑짝(후에)   아한(식사)

그러면 나을 겁니다   래우 콩짜 싸우덕
몸 조심하세요.   까루나 학 싸 뚜와 하이디더
몸을 돌보다   학싸

한적한 방비앙 시골 농촌

2. 가나다별 단어

간단한 생활에 필요한 단어를 사전식으로 **가나다** 순으로 많이 수록해 놓았으니 잘 활용하기시 바랍니다.

(가)

가까이	까이	가다	빠이
가르치다	손	가방	까빠오
가정	방	가족	컵 쿠아
가지 말라	야수	간직하다	와이
간호사	낭파냐방	감기	뺀 왓
강하다, 세다	행	같다, 같은	끄깐
깍아주세요	룻대	깨물다	깟
깨트리다	학		
거기	한	건다	냥
검은색	담	결국	똔람
결혼하다	낀동	경기하다	린
경유기름	남만 카수안	경찰	땀 루앗
계속하다	또	고맙다	콥짜이
고양이	매우	공부	히안
공항	더년	과일	막마이
과자	카우 놈	관리자	푸짯깐
괜찮다	보뺀냥	꼭 조이는	캅
꼭 해야	쿠안	국가	파텟
굽다	톰	굽다	삥
굽다	삥	삥까이(후라이드	치킨)
그것	만	그 후에	랑짝

그냥, 단지	하아꼬	그때에	똔 난
그래서	당난	그러나	때
그러면	칸산, 너	그런가	맨보
그렇다	맨 레우	그렇지 않으면	보 당난
그릇	밧	그리고	레, 포디
그리고 나서	레오	그분	편
그저께	무슨 니	금	감
금요일	완숙	끝	라
끝내다	래우	끝으로	맨 래
기계	크앙	기계기름	남만 크앙
기다리다	타아	기도	바씨
기르다(養)	량	기름	남만
기억하다	쯔으	기차	롯화이
기차길	탕 롯화	길	탕
길다	나우		

(나)

나이	티 숫	나, 내	코이
나무	마이	나이	아이
나중 보자	경기하다. 연기하다	또 만나요	라껀
날다	빈	날씨	아칸
날자(일자)	므으	남동생	농사이
남자	푸사이	남자화장실	홍남 편
낮 시간	깡왠	~ 내에	파이냐이
내 자신	코이 앵	내일	므은
냄새 좋은	홈	냄새 나쁜	맨
냉정하다	짜이 옌	넓은	꾸앙
나이, 해(年)	삐	냉수	남옌
노래하고	람	노래하다	팽

노래하다	홍, 펭	노인	타우
논	나	농부	사우나
농사짓다	햇 하이	높은	숭
누구	파이	누구, 어느	티
누나	으아이	뉴스	카우
늦게	사아	늦은 밤	덕
늦잠자다	녹짝		

(다)

다른	따앙	외국	따앙 파텟
다른 것	으은	다른 날	므나
다리	카아	다시	꼬
다시(더)	익	다음	나
단맛	와안	닫다	앗
달, 월	드안	달걀	카이
닭	까이	담배	야숩
담배피우다	숩 야	당신, 너	짜우
대개	땀타마나	대략	빠만
대부분	수안라이	대접	투아이
대부분	크압, 라이티숫	대사관	사탄 툿
때, 시간	트아	똑똑한	깽더
덥다	헌	덩어리	꼰
도우다	수와이	도지사	짜우 캐앵
도착	카우, 훗	돈	은
돌아가다	랴오	돌아오다	므아
돌진하다	화우	동네	반
동물	삿	동반하다	파
두통	쨉 후아	뒤집다	쿠암
뒷길	탕랑	듣다	다이 닌

듣다	황	들판	하이
따라가다	땀	따라서	포사난
따라서	쯩	딸	룩사우
또봐요	폽깐마이	똑바로	스으 스스
뚱뚱한	뚜이	뜨겁다	혼

(ㄹ)

| 라디오 | 위타뉴 | | |

(ㅁ)

마당	던	마사지	모누앗
마을 도시	므앙	마중가다	합아우
마치다	러억	만들다, 하다	햇
많이	라이라이	많이	막, 라이
더 많이	익	말하다	복(파사)
말하자면	와	맑다	미뎃
맑다	미뎃	맛있(는)다	셉
맛있게 드세요	낀 셉더	맞다	맨
매우 자주	르이 르이	매우 적게	누와이 다우
매형	농커이	맥주	비야
맵다	펩	머리	후아
머물다	팍	먹다	낀
먼저	꽁은	멀리	까아이
며느리	룩 파이	몇 살	짝삐
몇 살입니까?	짝삐 레우	모두	못, 탕못
모든	탕	모레	므흐
모으다	깹	모터	짝
목마르다	약남	목요일	완파핫
무섭다	냔	무용	람봉
무엇	냥	묶다(실)	맛 캔

한국어	현지어	한국어	현지어
문(門)	빠뚜	묻는 말	보? 데?
물(水)	남	물건	콩
물소	쿠와이	물어보다	탐
물 주세요	커 남옌 데	미안	시아짜이
미스	낭	미안하다	코톳
미스터	라우	밑에	럼

(ㅂ)

한국어	현지어	한국어	현지어
바나나	막꽈이	바란다, 원한다	약
바람	롬	바람세다	미롬
바로	포디	바로 지금	므아끼니
바지	송	바지 속옷	또
박살내다	땍	받다	합
반찬	크양낀	밟다	팁
밤	랭	밤 시간	깡 큰
밥	카오	밥 먹다	낀 카오
방	홍	방문하다	얌
빠른	와이	빵	카우찌
밭	수안	배(船)	흐아
배멀미	마우 흐아	배부르다	임
배고프다	약 카오	버스	롯메
벌써	라요	병원	홍모
병원가다	카우 홍모	보내다	송
보내다	확	보다	핸
복받으세요	쏙디	볼펜	빅
부드러운	짠	부르다	언
부모	퍼메	부터	마떼
분	나티	불	화이
불에 타다	마이	비밀	캄랍

비가 오다	폰 똑	비가 그치다	폰 사우
비누	사부	비단	파 마이
비싸다	펭라이	비싼	펭
비행기	흐아빈, 욘	비행기 배	람
빈	날다	빌리다	염

(ㅅ)

사과	막폼	사다	스으
사람	콘	사람	푸
사랑하다	학	사무실	홍깐
사위	룩커우	사장	후아나
사진관	한타이 흡	사진찍다	타이흡
산	푸	푸시	4개의 산
산보	량린	살살 앞으로	사사
싼(비싼)	특(팽)	쌀	카오 짜오
쌀국수	카오 삐약	찹쌀	카오 냐오
쌀국수	퍼(월남식)	쌀죽	카오 톰
상점	한	새로운	신
새벽	때 사우	새 비단	신마이
새우	꿍	색	시이.

검은 색 : 시담　　빨강색 : 시댕　하늘색 : 시화
줄무늬 :시라이　　갈색 : 시남딴

샘	남푸	생각하다	큿
서다	인	선물	콩끄완
선생님	쿠손	섭섭하다	킷홋
성나다	짜이혼	세우다	뿍
셔츠	스아	소(들소)	우와(쿠아이),
소금	끄아	손님(客)	객
송별 연	큰랑 송	수요일	완풋

숟가락	부앙	순간에	짝 노이
술(소주)	라오라오	술(막걸리)	라오하이
술취한	마우	쉬다	팍
쉽다	가이	스님	쿠바/냐포
스스로	앵	스포츠	끼라
승용차	칸	쓰다	키약
시	몽	지금 몇시?	짝몽 레오?
시간	베라	시간 내에	탄배라
시간(동안)	수아몽	시계	몽
시골	반녹	시그러운	솜
시다	솜	시도하다	시
시작	카오/옥	시작하다	럼
시장	따랏	시험	씽
식당	한아한	신문	낭스핌
신분증	밧 빠짬 뚜아	신선한	신
		(신무 신선한 돼지고기)	
심부름꾼	카노이	싫다	보디

(ㅇ)

아내	미아	아니라 ~ 다	냥보 트안
아니다	보	아들	룩사이
아래층	타랑꽁	아마	방티
아마	아짜	아이	노이
아이	댁노이	아직	냥
아침	싸우(짜오 朝)	아침밥	카오 사우
아프다	왓	아프다	쨉
아프다	캇	안경	왠따아
안내하다	화우	안에(내)	나이, 두안
안돼요	버다이	앉다	낭

알게 되다	라방	알다	후
알맞게	포디이	앓다	팽카이
알약	맷	암소	우와
앞에	나아	앞에	탕나
애를 낳다	옥룩	약	야(먹다 낀)
약간	누와이 능	약국	카이 야
약속지키다	미낫	약속하다	낫
약혼	문	얇다	쪼이
양복점	따꾸앙	어느 것	다이
어느 정도	빤다이	어디서	마
어떤	다이	어떤, 무엇	다이
어렵다	냑	어린 동생	농
어제	므안니	어제	큰니
어제밤	크누안니, 큰니	언제	므다이
언젠가	랑트아	얻다, 가지다	다이
얼마나	짝	얼마입니까	타우다이
여권	팟사포	여기	피이
여기오기 전에	마니	여동생	농사우
여승	메시	여성처럼 되다	짜우수
여자	사우, 낭	여자	메닝, 낭
여행	낙통티오	열다	카이
열병	카이	영혼	콴
옆에	카앙	예	어이
예리한	콘	예약	쫑
예약하다	쫑비	오늘밤	렝니
오늘 저녁	므캄니	오다	때 마테
오래	돈	오렌지	막끼양
오르다	킨	오른쪽	쿠와

오리	뺃	오토바이	롯짝
오전	껀티양	온수	남헌
오후	바아이	열쇠	카째
옷	파	왕	루앙
왜	빤냥	외교관	나탄 툿
외동	프다우	외할머니	맨뚜
왼쪽	르아	왼쪽	사이
요일	완	우리	푸악코이
우유	놈	우체국	빠이사니
우편	메	운전	깝
운전면허증	바이캅 키	운전하다	깝
울다	하이	움직이다	냐이원
원동기	짝	원하다 바라다	약
월요일	완짠	위에	탕
위장통	짭통	위탁하다	화악
위하여	삼랍	윗층	탕흐안
유리 병	깨우	은	으언
음료수	크앙듬	음식	아한
음식장만하다	쿠아 낀	의사	하모
의자	땅	이것	니
이발	땃폼	이발소	한땃폼
이쁘다	얌	이쁜	다이
이사하다	냐이흐안	이제	디아우니
이해하다	쿠아 짜이	인 것 같다	크으시
인력거	뚝뚝, 잠보	인쇄하다	핌
일	비악	일, 작업	깐
일어나다	떤	일요일	완아팃
일주일	능 아팃	일하다	햇비악

읽다	아안	임명(수여)하다	부앗
입다	눙	있다	유
잊다	르음		

(ㅈ)

자녀	아이농	자다	논
자동차	롯	자르다	땃
자손	룩	자전거	롯 팁
자주	르아이	자형	아이커이
작은	노이	잘 숙련된다	사앙
잘가요	라껀	잠그다	사이카째
장기	막룩	장기자랑	햇분
장모	맨타우	장소	사이, 본
장인	포 타우	짧다	산
재미있다	므앙	재배하다	푹
저기	푼	저녁	릉
저녁	캄	저녁 밥	카우 랭
전에	떼꼰	전혀	보 커이
전화	토라삽	절(寺)	왓
절하다	캥짜이	접시	누아이
접시	짠	정각	땅웨라
정말	이리	절반, 반	컹
젊은	눔	점심	카우 수와이
제발	데, 네	제수씨	농파이
조금	노이	정말	테
정오	티앙	정지하다	쫏
젖은	삐약	좋은	파낙안
조언하다	네남	존경	납트
종이	찌야	좀더	익

종류	네오	좋다	디, 사바이
좋아	더	좋아요? OK	너
좋아하다	막	주(기간)	아팃
주문하다	상	주선하다	짠
죽다	시아따이	지갑	깝바우 은
지난	레오니	지역장관	짜우 므앙
집	반	집귀신	피 흐안
집을 짓다	쁘그 흐안	찌개 만들다	쿠아

라오스 전통 식사

(ㅊ)

차	사아	차거운	옌
차멀미	마우 롯	착륙	롱
창문	뽕이얌	찾다	하아
채소	팍	채소심다	푹팍
책	후아	책상	또

처녀	푸사우(여자 낭)	처음에는	똔 탐잇
천천히	코이코이	천천히	사아사아
철도	탕롯화이	첫째	꼭
청구서	책빈	초청장	밧선
촌장	나이 반	총각	푸바우
총	쁜	총쏘다	닝쁜
축구	떼반	축제	분
춤	람봉	춤추다	폰 람
충분하다	포(飽배부를 포)	치료하다	깨
치통	쩹 깨우	친구	무
친절	남짜이	친척	피농
친할머니	맨나	친할아버지	포푸
칠판	까단		

(ㅋ)

카드	밧	카메라	콩타이
칼	밑	사진찍다	콩타이흡
컵	짜이	큰	냐이
큰 3륜차	잠보		

(ㅌ)

타다	끼	타이프 치다	띠픰
탁발(공양)	탁밧	태어나다	깻
택시	롤딱시	토요일	완싸우, 와나칸
특별한 것	피셋	티켓(표)	피

(ㅍ)

판매	카이	팔	캔
팔다	카이	팔다	폼
페달 밟다	팁	편지	쯧 마이
팩스	토라싼	포장	송, 호오

푸	사람	프랑스	파랑
피곤하다	므아이	피난민	꼰 옵파높
피난하다	옾파높		

(ㅎ)

하지마라	야	학교	홍히안
학생	낙히안	할 수 없다	보다이 뻰
할 수 있다	까뽕	함께	깝, 남
합장	놉	햇빛	데엣
행복	디짜이	헤엄치다	로이
형	아이	형수	아이파이
호텔	홍헴	혼자	푸디요, 디아우
화장실	헝남	화장실 어디죠	헝남유싸이
환전하다	삐얀응언	회사	보리삿

몽족의상

* 라오스 교통편 *

라오스에는 택시가 몇 대 없고, 거의 영업용 소형버스와 자가용 화물차 아니면 삼륜차를 개조한 뚝뚝, 오토바이와 호텔 승합차를 이용해야 한다. 버스는 북부와 중부 시외버스 터미널에서 출발하는 전국 망을 가지고 있으며 국제버스와 시외버스가 있다.

국경을 넘는 경우 남부 참파삭에서는 4천개의 섬이 있다는 시판돈과 캄보디아 프놈펜, 시엠립으로 연결되고, 태국의 방콕으로는 항공이나 버스로도 연결된다. 미얀마, 중국, 베트남과는 비엔티엔에서 항공 또는 북부지방에서 버스로 연결된다.

메콩강을 따라 북부 루앙프라방에서 태국치앙마이, 미얀마로도 연결된다. 남부 참파삭에서는 캄보디아로 갈 수 있다.

라오스 관광청 안내 -호텔, 항공편, 전국 지역관광
http://www.tourismlaos.org/

* 호텔 *

호텔명	연락처	위치
메콩 렌드마크 리버사이사이드	856 21 266 888 http://www.landmarkmekongriversidehotel.com/	비엔티안 메콩강변 특급호텔
돈짠 팰리스 호텔	856 21 244 288 www.donchanpalacelaopdr.com	비엔티엔 메콩강변 특급호텔
라오 프라자	856 21 218 800 www.laoplazahotel.com	비엔티안 중심 5성급
란상호텔	856 21 214 100 www.lanexanghotel.com	비엔티엔 메콩강변 전통식
코스모 호텔	711175~7 http://www.hotelcosmolaos	비엔티안 공항 쪽 (한국인 경영)
로얄 호텔		비엔티안 중심부
메콩 호텔	35/856 21 212937 www.mekonghotel.com	비엔티안 중심부
머큐어 호텔	70/856 21 213 570 www.novotel.com	비엔티안 중심부
라오 오키드 호텔	856 21 264 134	비엔티안
그린파크 호텔		비엔티안
말리 남푸	35/www.malinamphu.com	비엔티엔 중심가
라마야나 갤러리		비엔티안
K&P 호텔		비엔티안
드로즈		비엔티안
라오호텔	(856) 21-219-280	비엔티엔

		중급호텔
(게스트하우스) 알디(RD)	(856) 21-262-112	비엔티엔 메콩강변
라니 게스트하우스	(856) 21-215-639	비엔티엔
사바이디 게스트하우스	(856) 21-213-929	배낭여행자용
드로즈 리조트		방비엥
NAGA Hotel		루앙프라방 부띠크 정원, 마사지, 바
그랜드		왕족 풀장, 정원, 컨퍼런스룸
더 창인		루앙프라방
라마호텔		루앙프라방
루앙세이 호텔		루앙프라방
라 폴리에 롯지		팍세 돈댕 리조트

Leuxay Hotel

★★★★

전화: +856-21-265-111 / 팩스: +856-21-265-115

주소: Ban Hongkhatay

www.hotel.leuxaygroup.com

Somerset Vientiane

★★★★

전화: +856-21-250-888 / 팩스: +856-21-250-777

주소: Souphanouvong

www.somerset.com

Lao Golden Hotel

★★★

전화: +856-21-951-555 / 팩스: +856-21-851-566

주소: Tatmay Road

www.laogoldenvientiane.com

Cosmo Hotel (한국인 운영)

★★★

전화: +856-21-711-175~8 / 팩스: +856-21-710-036

주소: Ban Phakhao

www.hotelcosmolaos.com

City Inn Hotel

★★★

전화: +856-21-218-333 / 팩스: +856-21-218-444

주소: Rue Pangkham

www.cityinnvientiane.com

Inter City Hotel

★★★

전화: +856-21-263-788 / 팩스: +856-21-243-663

주소: Ban Wat Chan

www.intercity-laos.com

Lao Plaza Hotel

★★★★★

전화: +856-21-218-800~1 / 팩스: +856-21-218-808~9

주소: Samsenethai Road (시내 중심가)

홈페이지: www.laoplazahotel.com

Settha Palace Hotel

★★★★★

전화: +856-21-217-581~2 / 팩스: +856-21-217-583

주소: Pang Kham Road

홈페이지: www.setthapalace.com

Don Chan Palace Hotel

★★★★★

전화: +856-21-244-288 / 팩스: +856-21-244-111~2

주소: Ban Phiavat Village

www.donchanpalacelaopdr.com

* 긴급연락처 *

주라오스 한국대사관

주소: 비엔티안, '므앙 시사따낙, 반왓낙'

   라오스어로 한국대사관은 '싸탄툿 까올리 따이'

(E Mail) laos@mofat.go.kr
전화: (856) 21-352-031/3

긴급연락처 : 856-20-5551-3152 (영사)
(856) 20-5552-7765 (비엔티엔)
* 루앙프라방 지역
 856(국가번호) 20-7777-6748 (영사협력원)

주한라오인민민주공화국 대사관

주소: 서울 특별시 용산구 대사관로 11길 30-4
전화: 02-796-1713~4
laoembassy.seoul@gmail.com

라오스 관광회화

초판/2013년 1월 20일(채널)
수정판/2019년 5월 15일 인쇄
발행/2019년 5월 20일

저　자 : 곽구영
발행인 : 장세진
발행처 : 도서출판 학사원

대구광역시 중구 서문로 2가 38-3
Tel. 053-253-6967, 254-6758
Fax. 053-253-9420
등록 : 1975년 11월 17일(라120호)

정가 16,000원
ISBN 978-89-8223-099-8 93790
※파본은 교환하여 드립니다.

ⓒ 2019 곽구영

kkwakguyoung@hanmail.net

010-3814-1559

이 책에 담긴 내용은 저작권에 의해 무단으로 저작권자의 동의없이 복사, 전제하거나 인용할 수 없습니다.